W0466766

Le monde du Curry

Responsable éditoriale : Catherine Laulhère-Vigneau

Coordination éditoriale : Cécile Beaucourt

Direction artistique : Antoine du Payrat

Conception graphique : Alexandre Rotsztein

Fabrication : Élodie Conjat

Relecture : Valérie Loth

Photogravure : Penez Édition

Crédits photographiques
Hoaqui / Stockshooter 10 / Isip 13 haut / X. Zimbardo 13 bas, 15 /
Globe Press 14 haut / Perousse 14 milieu bas ;
Explorer / R. Mattes 12, 13 milieu bas, 14 bas.

© Flammarion, Paris, 2003
Numéro d'édition : FA1121
ISBN : 2080111213
Dépôt légal : mai 2003

Le monde du Curry

Sylvie Girard-Lagorce

photographies
Éric Fenot

stylisme
Sylvie Bandeville-Oulerich

Sommaire

Introduction

Recettes

Le monde du curry

Les lieux communs ont la vie dure en gastronomie : si Espagne veut dire paella, Italie signifie pizza, et Inde se traduit obligatoirement par curry. Le mot est lâché ! Quel mot ? « Curry » ? Pourquoi pas « cari », « cary » ou « kari » ? « Curry » viendrait d'un mot malabar, « caril », dont on note l'apparition en 1602. D'autres sources citent le mot « kari », de la langue tamoule, qui signifie ragoût. Une autre explication serait liée à un terme indien plus précis désignant le subtil mélange des épices nécessaires pour assaisonner un plat : le « kadhi ». Comme ce mot semblait difficile à prononcer pour les étrangers, il se transforma en « karry ». Les Anglais imposèrent finalement le terme « curry », lequel devient courant en français dans les années 1820.

Le curry n'est pas seulement indien, mais asiatique, et adopte les formes les plus variées – poudre, pâte ou sauce. Il ne s'agit pas – loin de là – d'une seule épice, mais d'un mélange complexe de nombreux ingrédients, variable selon les régions. La diversité des préparations qu'il rehausse et qu'il colore dépasse de loin le riz, l'agneau ou le poulet. Qui dit curry, dit donc voyage au pays des saveurs et des couleurs. Il faut pouvoir imaginer le ravissement de la vieille ville de Madras, dans un kaléidoscope de maisons coloniales, de portes ouvragées, de tonnes de fruits acheminées sur les chars à bœufs, de saris de soie multicolores et de bijoux dorés, tandis que dans les échoppes d'épices se négocient au sac le cumin, le poivre et le piment, la cardamome et le clou de girofle, dans l'omniprésente fragrance du curry.

Diverses formules de mélanges d'épices commercialisés par les Anglais et les Hollandais ont commencé à circuler dès le début du XVIIIe siècle. Baptisées du nom de *kari*, elles sont inspirées des cuisines locales du continent indien et de leurs fameux *massala*, ces combinaisons savantes et sophistiquées de dizaines d'épices différentes. À l'origine, chaque famille possédait sa formule secrète. Mais, dans les grandes villes, on vit apparaître un cari tout préparé chez certains marchands d'épices réputés. C'est alors, raconte la petite histoire, qu'un voyageur anglais du nom de Sharwood eut l'occasion de festoyer chez le maharadjah de Madras, lequel, voyant son hôte se délecter, lui indiqua l'adresse d'un célèbre maître d'épices. Ce dernier confia à l'Anglais la formule du fameux cari de Madras : safran de Chittagong, curcuma, cumin, coriandre de Kerala, piments d'Orissa, le tout torréfié et broyé en poudre fine. De retour à Londres avec le brevet d'importation, Sharwood diffusa sa poudre dans les épiceries fines de la capitale, créant une mode de la cuisine indienne qui franchit rapidement le *Channel*.

Le célèbre cuisinier parisien Antoine Beauvilliers, créateur à la veille de la Révolution du premier véritable restaurant de la capitale, publia en 1814 un traité culinaire, *L'Art du cuisinier*, dans lequel il proposait des combinaisons d'épices directement copiées sur les formules anglaises, ou plus librement inspirées, voire carrément adaptées à un palais occidental. Devant le succès grandissant de ce mélange coloré et parfumé qui permet d'accommoder toutes sortes de mets très occidentaux, le législateur intervient : lors de l'Exposition universelle de Paris en 1889, un décret du sous-secrétaire d'État aux Colonies fixe la composition de la « poudre à kari » : tamarin (34 g), oignon (44 g), coriandre (20 g), piment (5 g), curcuma (3 g), cumin (2 g), fenugrec (3 g), poivre (2 g) et moutarde (2 g). « Les autres karis, ajoute le Journal officiel de l'époque, sont des mélanges plus compliqués comprenant en plus du gingembre, de la cannelle, de la girofle, des amandes, de la noix de coco, etc. »

Aujourd'hui, on trouve en Europe, héritage des condiments plus ou moins épicés ou brûlants que les colonisateurs ont découvert dans les contrées lointaines, des currys doux (dits *mild*), des currys forts (*hot*) et des currys brûlants (*very hot*). Il n'existe en fait aucune poudre de curry standard, ni en Inde ni dans les autres pays d'Asie qui pratiquent aussi cette cuisine épicée, à l'exception de celle que l'on appelle avec mépris « le cari des chemins de fer ». Le curry est multiple dans ses couleurs, ses formes et ses expressions, ses forces et ses mélanges. Certains embaument le palais de plusieurs nuances subtilement accordées, tandis que d'autres révèlent l'harmonie d'une saveur dominante.

En Inde, quand le soleil se couche sur le Taj Mahal...

Les territoires du curry

L'Inde

La diversité la plus kaléidoscopique, à la fois dans la combinaison et dans l'emploi des épices, caractérise la cuisine indienne et la distingue de toutes les autres. L'usage des épices en Inde constitue depuis toujours un élément majuscule de la civilisation et leurs propriétés médicinales ont été codifiées depuis des temps immémoriaux. Les combinaisons d'épices portent en Inde le nom générique de « massala ». Ce sont des mélanges que l'on peut trouver sur le marché, vendus en sachets ou en boîtes métalliques, ou que l'on peut confectionner soi-même.

Il existe une différence fondamentale en Inde entre la cuisine du Nord et celle du Sud : le Nord reste plus discret dans ses assaisonnements, tandis que le Sud déploie des trésors d'imagination dans la variété des herbes et des épices, leur ajoutant des ingrédients très spécifiques comme le *kokum*, un petit fruit très acide, ou le *tamarish manna*, une excroissance provoquée par un insecte sur les brindilles du tamarinier. Dans le Nord, les *massala* sont en général rouges et secs, tandis que dans le Sud on préfère souvent des pâtes délayées dans du lait de coco ou du jus de lime (citron vert).

L'art des mélanges atteint une telle sophistication que les *massala* sont classés en fonction du « ton » du condiment, déterminé par les ingrédients de base. Le *garam massala*, l'un des plus courants, est composé d'épices « chaudes » comme la cardamome, le cumin et le clou de girofle. Le *sambar massala* est nettement plus poivré, rehaussé de coriandre, de cumin et de fenugrec, enrichi en outre de farine de lentilles. Le célèbre *vindaloo massala* crée une harmonie subtile entre l'ail et le gingembre, la cannelle, la cardamome, la coriandre et le piment rouge, tandis que le *kala massala* associe la brûlure des épices les plus ardentes avec la douceur de la noix de coco et de la farine de maïs. Du *chat massala*, on pourrait dire qu'il est plus fruité, réunissant cumin noir et cumin blanc, menthe et gingembre, muscade, grenade, piment et graines de melon.

Le Sri Lanka

Depuis l'Antiquité, le pays exporte ses épices dans le monde, essentiellement la cannelle, le poivre et la cardamome. Dans le cœur montagneux de l'île, prospèrent toujours les plantes qui ont fait la fortune de Ceylan : clou de girofle, gingembre et vanille, poivre et badiane (anis étoilé). Et ce n'est nullement un hasard si le plat national srilankais est connu sous l'appellation de *rice and curry*. Les currys peuvent prendre toutes sortes de couleurs, allant du blanc crémeux (curry doux préparé avec du lait de coco) au brun foncé (curry très brûlant, avec plusieurs dizaines de piments différents !), voire au noir (curry préparé avec des graines fortement torréfiées), en passant par le vert ou le rouge. La composition du mélange varie selon que la poudre est destinée à cuisiner des viandes, des volailles, ou des légumes. Parmi les recettes les plus caractéristiques des currys cinghalais, citons par exemple le curry de foie de veau – où cumin, gingembre, piment, citronnelle et safran retrouvent la cardamome, le fenugrec et le clou de girofle dans une sauce épaisse au lait de coco –, les poissons à la cinghalaise – cuisinés dans une sauce épicée et acidulée (jus de citron vert) où la poudre de curry est rehaussée de gingembre et de coriandre –, ou encore le curry d'hibiscus – fait de beignets de fleurs d'hibiscus servis dans une sauce au lait de coco, avec piment, safran, poudre de poissons séchés, graines de moutarde et jus de lime.

Bénarès, Inde.

L'Asie du Sud-Est

Particulièrement subtiles et parfumées, mais néanmoins assez fortes, voire très piquantes, les pâtes de curry thaï font un usage savant des piments, des herbes fraîches et des épices, mais font également intervenir des ingrédients typiques comme la pâte de crevettes séchées, le *galanga* et les feuilles de *kaffir* (citron vert à grosse peau grumeleuse). On en connaît surtout deux variantes : la rouge et la verte, la première utilisée essentiellement pour cuisiner le poulet et le mouton, la seconde pour le bœuf et le canard. Il en existe aussi une jaune, encore plus piquante que la rouge et un peu moins aromatique. Dans la plupart des currys thaïs – où l'on retrouve fréquemment les crevettes, mais aussi le poulet et le porc –, la citronnelle et la pulpe de tamarin, le citron vert et l'arachide jouent un rôle notable, à côté des autres ingrédients du curry classique.

Les currys birmans se différencient assez nettement de leurs voisins indiens. Échalote, ail, gingembre, piment et curcuma leur ajoutent en effet des notes particulières et le mélange d'épices, le plus souvent sous forme de pâte, mijote longuement en concentrant ses saveurs avant de recevoir poisson, légumes ou viande. Les herbes et les aromates frais jouent un rôle important, faisant parfois paraître le curry plus léger et moins piquant qu'il ne l'est en réalité.

Le Laos et le Cambodge, ainsi que le Vietnam, possèdent eux aussi des variantes de currys, moins nombreux certes que le continent indien, mais sous des formes typiques où le nuoc-mam, les graines de courge et certains ingrédients typiquement chinois (fromage de soja, pousses de soja ou de bambou, chou *pak choi*) ajoutent une dimension originale.

L'Indonésie et la Malaisie

Toujours ouverts aux influences des marchands et des voyageurs, notamment d'origine chinoise, mais également indienne ou asiatique, ces pays ont façonné des cuisines qui doivent leur spécificité à des ingrédients locaux ou des condiments uniques, comme le *sambal oelek*, une purée de piments rouges écrasés avec du sel et du vinaigre. Plus particulier est le *galanga*, assez proche du gingembre et que l'on trouve comme lui sous forme fraîche, sèche ou en poudre. Typiques aussi le tamarin à saveur aigrelette, ainsi que la pâte de crevettes et le lait de coco.

C'est à Java et à Sumatra que l'on trouve les currys les plus caractéristiques, comme le *sajur kare*, soupe de légumes au curry très parfumée que l'on peut choisir d'enrichir de blanc de poulet ou de crevettes, et à laquelle on donne souvent une saveur aigre-douce en lui ajoutant du tamarin et du sucre de palme. Le curry de poulet est généralement agrémenté, en fin de cuisson, de feuilles de curry et de citronnelle, de lait de coco et de jus de lime.

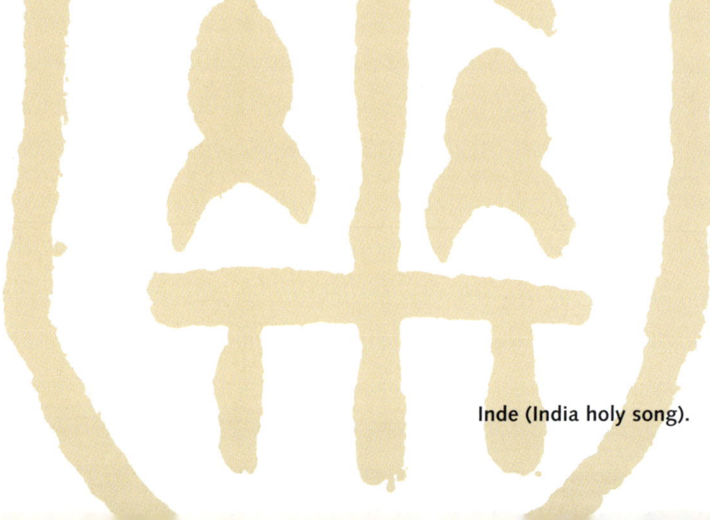

Inde (India holy song).

Les ingrédients du curry

Le curry est un mélange et non une épice. Il faut néanmoins préciser qu'il existe bel et bien un aromate que l'on appelle « feuilles de curry » : ces *karipata* proviennent d'un arbre originaire du sud de l'Inde qui pousse en abondance sur les contreforts de l'Himalaya, reconnaissable à son écorce dorée et à ses petites feuilles pointues et luisantes, vert olive, d'une saveur un peu piquante. Généralement frites dans du beurre clarifié pour servir de garniture finale, les feuilles de curry (ou de *kari*) sont courantes dans les recettes du sud de l'Inde, à Sri Lanka, en Thaïlande et en Birmanie.
On les utilise dans les currys comme on le ferait en Occident avec les feuilles de laurier dans un ragoût, mais elles entrent aussi dans la composition de la poudre de curry de Sri Lanka. On peut éventuellement trouver des feuilles de curry séchées en flacon chez certains marchands de produits exotiques. Viennent alors les épices sèches et les divers ingrédients frais qui vont entrer dans la composition de la poudre ou de la pâte de curry.

Anis étoilé

Son autre nom est la badiane. Il s'agit d'une épice dont la gousse brune et dure en forme d'étoile renferme des graines brillantes, et dont le goût anisé peut être très marqué. La badiane intervient aussi bien dans les currys indiens que thaïs.

Asa foetida

Il s'agit d'une résine extraite des tiges d'une ombellifère qui pousse couramment en Iran. Une fois séchée, elle devient brune, et, concassée, elle finit par donner une poudre jaunâtre au parfum âcre et au goût d'ail, qui relève les mets sans saveur bien affirmée.

Cannelle

Il s'agit de l'écorce du cannelier, un arbuste qui pousse dans les Indes orientales. Dans la cuisine indienne, elle constitue l'un des ingrédients majeurs du *garam massala*, mais elle parfume aussi les desserts, crèmes de riz, yaourts et vermicelles sucrés.

Cardamome

Originaire de Malabar, cette épice se présente comme une capsule qui renferme des petites graines. Elles sont présentes en Inde dans une multitude de plats et parfument notablement les currys. Brunes ou noires, les graines ont une odeur chaude et une saveur prononcée, un peu poivrée.

Citronnelle

Ingrédient majeur de toutes les cuisines du Sud-Est asiatique, la citronnelle est une plante vivace aux longues feuilles minces et très parfumées. Fraîche ou séchée, elle joue un rôle majeur dans tous les plats épicés du Vietnam, de Java ou de Thaïlande et dans bon nombre de currys où elle apporte une fraîcheur acidulée.

Clou de girofle

Bouton floral du giroflier cueilli avant maturité et séché au soleil, devenu brun foncé, dur et épais, le clou de girofle s'associe dans la cuisine indienne avec la cardamome, le gingembre et la cannelle. Souvent, on enferme ces ingrédients non réduits en poudre dans un sachet de mousseline qui mijote longuement dans la sauce du ragoût.

Coriandre

C'est à la fois un aromate frais, dont les feuilles vertes rafraîchissent en touche finale les currys les plus chauds, et une épice : les graines séchées de la coriandre s'utilisent entières ou en poudre. La coriandre fraîche est indispensable pour la pâte de curry verte thaïlandaise, tandis que les graines interviennent, entre autres, dans le *laksa* malais ou les brochettes de crevettes au curry de la cuisine birmane. Le *dhana jeera* est un mélange utilisé aussi couramment que le sel et le poivre dans les cuisines occidentales, composé de deux volumes de coriandre pour un volume de cumin, les graines étant grillées et moulues.

Cumin

Les graines de cette ombellifère originaire d'Asie centrale ont leur place dans de nombreux currys indiens. C'est un ingrédient chaud et piquant, un peu âcre, aussi essentiel que le curcuma et la cardamome.

Curcuma

Cette épice, obtenue en pulvérisant le rhizome séché de la plante, entre très couramment dans la composition des currys. Elle est essentielle dans les sauces colorées des currys de Calcutta (de poissons ou de coquillages) ou de Kerala (de chou-fleur ou de pommes de terre). Son âcreté doit s'adoucir dans des sauces mijotées où la lente alchimie des saveurs la mêle aux autres ingrédients.

Fenouil

De forme ovale et de couleur vert pâle, les graines de fenouil ont un goût anisé rafraîchissant bien qu'un peu piquant que l'on retrouve dans de nombreux currys. Même si elles ne sont pas un ingrédient majeur des mélanges d'épices, elles figurent néanmoins en bonne place dans le *panch phoron* (cinq-épices indien), en compagnie de cumin, de graines d'oignon, de fenugrec et de graines de moutarde, pour parfumer les plats de légumes frais ou secs.

Fenugrec

Caractérisées par une saveur amère, les graines brunes, plates et dures du fenugrec, issues des gousses allongées d'une légumineuse originaire du Moyen-Orient, s'utilisent toujours réduites en poudre et leur dosage demande du doigté, mais leur présence est néanmoins assez courante.

Macis et noix de muscade

Le macis désigne l'enveloppe qui entoure la noix de muscade : une sorte de résille rougeâtre que l'on fait sécher avant de la réduire en poudre. De couleur rosée, avec un goût poivré et un léger parfum de cannelle, le macis occupe une place de choix dans les mélanges d'épices. La noix de muscade elle-même possède une saveur beaucoup plus délicate et subtile : en Inde, elle figure surtout dans les mélanges réservés aux plats de fête.

Moutarde

Dans la cuisine indienne, on utilise aussi bien ses feuilles (à faire cuire comme des épinards) que ses petites graines. Il en existe en fait plusieurs variétés : la noire, la brune et la blanche. La première (sénevé) est piquante et épicée, la seconde est moins piquante et la troisième, nettement plus amère. La cuisine indienne fait aussi un usage appuyé de l'huile de moutarde qui, une fois chauffée, perd son goût piquant pour devenir douce et parfumée.

Galanga

Cette épice provient des racines d'une plante qui ressemble au gingembre, mais dont la saveur est un peu plus acidulée. Il existe deux variétés de galanga : le petit à chair orangée et le grand (ou laos) presque blanchâtre, avec une saveur légèrement safranée et un goût plus prononcé que le précédent. C'est l'un des ingrédients majeurs du curry malais, mais on le retrouve dans de nombreuses préparations de la cuisine thaïlandaise.

Piment

Un curry ne devient vraiment *hot* que s'il contient du piment, frais ou séché, en poudre ou en fragments, en quantité variable. Trop dosé, il peut rendre la préparation immangeable (attention en particulier aux graines qui sont extrêmement fortes). Dans certaines poudres de curry douces et parfumées, le piment est totalement absent. En revanche, dans les currys indonésiens, le *sambal oelek* (purée de piments au vinaigre) joue un rôle prépondérant.

Safran

Composé des stigmates séchés d'une variété de crocus originaire du nord de l'Inde, le safran est l'épice la plus chère du monde, mais son arôme et sa couleur sont uniques. Il est indispensable dans la plupart des currys, mais à très petites doses. Il est toujours préférable d'acheter le safran en filaments et non en poudre, laquelle est souvent éventée ou falsifiée.

Tamarin

Le fruit du tamarinier fournit une pulpe qui, une fois compressée, se présente sous forme de petit pain compact qu'il faut délayer dans de l'eau chaude : une fois filtré ce jus acidulé, à la fois douceâtre et aigrelet, s'utilise dans les recettes comme du jus de citron ou du vinaigre. Ce sont essentiellement les cuisines indiennes, indonésiennes et malaises qui utilisent le tamarin en l'associant avec du gingembre, du piment et du citron vert, soit dans des marinades, soit dans des potages ou des plats de lentilles.

Lait de coco

Les régions du Sud de l'Inde et de l'Indonésie, ignorant le lait de vache, ont couramment recours au lait de coco pour obtenir les sauces onctueuses et parfumées de leurs currys. Selon la consistance du lait (obtenu en râpant la pulpe de la noix de coco, à ne pas confondre avec l'eau de coco douce et rafraîchissante que contient la noix à maturité), les emplois sont différents.

Citron vert

Il s'agit en réalité du « lime », que l'on trouve désormais couramment en Europe. Il est plus petit que le citron jaune, avec une peau plus fine et un jus plus abondant et plus parfumé. Le *kaffir* est une variété de citron vert à peau grumeleuse mais très juteuse, très employée dans la cuisine thaïe. Les feuilles elles aussi sont utilisées, finement ciselées, pour parfumer soupes et ragoûts.

Les secrets de fabrication du curry

La préparation des épices

Dans la cuisine occidentale, les herbes ou les épices sont ajoutées souvent une par une ou isolément dans les plats qu'elles parfument, alors que dans la cuisine indienne, on procède différemment : épices et aromates sont intimement mélangés avant d'être incorporés au plat.
Certes, les poudres de curry achetées déjà préparées (nombre d'entre elles sont de bonne qualité lorsqu'elles proviennent d'un fabricant réputé) permettent de cuisiner un plat rapidement, mais lorsqu'on confectionne soi-même son mélange, le résultat est de loin préférable, d'autant plus que l'on peut modifier la composition et l'adapter exactement à ses goûts.
Certains ingrédients sont frais (ail, échalote, gingembre, citronnelle) : ils doivent être pelés, hachés ou écrasés. La plupart des graines doivent être grillées pour dégager leur arôme et leur parfum. Les épices sèches peuvent être soit grillées dans une poêle, soit rôties dans le four, sans ajouter la moindre matière grasse. Elles peuvent être chauffées toutes ensemble sur une seule couche, ou au contraire subir une torréfaction séparée, comme dans le *garam massala*.
Les épices grillées et rôties doivent impérativement refroidir avant d'être réduites en poudre. Cette opération s'effectue traditionnellement avec un mortier en pierre et un pilon, mais on peut très bien avoir recours à un moulin à épices (ou à café), manuel ou électrique. Pour les pâtes de curry qui ne sont pas sèches, c'est-à-dire qui intègrent des ingrédients frais comme l'ail, la citronnelle, le gingembre ou le piment frais, le mixer est une solution tout à fait commode.

La cuisson du curry

La cuisson proprement dite du curry demande ensuite une matière grasse, comme pour n'importe quel ragoût. La caractéristique de la cuisine indienne – essentiellement dans le Nord – réside dans l'emploi du *ghee*, ou beurre entièrement clarifié, qui a la particularité de très bien se conserver.
Sa préparation est simple. Fractionnez 500 g de beurre en cinq ou six morceaux, mettez-les dans une grande casserole à fond épais, et faites chauffer doucement sans aucune coloration ; augmentez l'intensité du feu et laissez le beurre mousser. Baissez ensuite le feu et laissez cuire doucement à découvert pendant 30 à 40 minutes. Versez alors le beurre dans un récipient à travers une passoire tapissée d'une mousseline. Couvrez et conservez au réfrigérateur. On trouve aussi du beurre clarifié en boîte dans certaines boutiques spécialisées.
Au chapitre des huiles végétales, presque toutes peuvent convenir : l'huile d'arachide est la plus courante, mais on emploie aussi l'huile de moutarde. Quant à l'huile d'olive, oubliez-la pour une fois : elle est parfaitement antinomique avec les saveurs de la cuisine indienne.
Le principe de base de la cuisson d'un curry consiste tout d'abord à faire revenir oignons ou échalotes puis les épices dans la matière grasse bien chaude ; on ajoute viande, légumes ou poisson pour les faire dorer, on baisse le feu et on laisse mijoter, on sale, on poivre, on ajoute le mouillement (bouillon, lait de coco, eau). On laisse mijoter jusqu'à cuisson complète, puis on ajoute éventuellement des aromates frais, parfois un trait de vinaigre, de jus de citron ou de tamarin, dont l'acidité rehausse les saveurs du plat, ou un peu de sucre, pour les équilibrer. On peut aussi incorporer des noix ou des amandes.

Conseils pratiques

Sauf pour les poissons et les crustacés dont la cuisson est courte, vous avez toujours intérêt à cuisiner votre curry la veille du jour où vous le servirez. Mettez toujours votre mélange d'épices sèches en contact direct avec la matière grasse. Ne faites pas trop roussir, sinon les arômes risquent de devenir âcres et le parfum de l'ensemble va se perdre, puis ajoutez le mouillement juste après. Pour obtenir une liaison bien moelleuse et parfumée, ajoutez dans la sauce une pomme verte pelée et finement râpée. Si vous constatez que la sauce est trop épaisse ou trop piquante, incorporez en fouettant doucement un ou deux yaourts nature. Si au contraire elle est trop liquide, délayez un peu de Maïzena dans deux cuillerées à soupe de sauce et ajoutez cette liaison. Enfin si vous aimez le curry *hot*, n'hésitez pas à rajouter quelques pincées de poivre de Cayenne.

Les formes du curry

Quiconque s'est essayé une fois à préparer un curry sait qu'il existe dans le commerce des poudres ou des pâtes plus ou moins authentiques, dont certaines sont tout à fait dignes de confiance. Le choix se fait généralement en fonction de la force du curry, laquelle tient à la proportion de piment et/ou de poivre de Cayenne qu'il comporte : on distingue ainsi le *mild* (doux), d'une saveur plutôt douce-amère, le *hot* (fort) et le *very hot* (bûlant).

À l'achat, on peut rencontrer des mélanges qui portent des appellations plus ou moins exotiques, lesquelles correspondent généralement à une origine géographique, comme le « madras », réputé très corsé et brûlant. Voici en revanche quelques recettes « maison » que vous pouvez préparer. Vous conserverez vos poudres dans une boîte en bois ou en métal hermétique (pas plus de 3 semaines) dans un endroit frais, sec et sombre.

Poudre de curry indienne classique

Pour 100 g environ (6 cuillerées à soupe)

Réunissez dans une grande poêle à fond épais 5 piments rouges séchés, 2 cuillerées à soupe de graines de coriandre et autant de cumin, 4 ou 5 clous de girofle et 1 bâton de cannelle cassé en petits morceaux. Faites griller ces épices à sec en les remuant avec une spatule en bois jusqu'à ce qu'elles dégagent leur arôme en se colorant légèrement. Comptez 5 minutes en tout au maximum. Versez le contenu de la poêle dans une jatte et laissez refroidir. Versez-les ensuite dans un moulin à épices, et réduisez-les en poudre fine. Versez cette poudre dans la jatte et ajoutez 1 cuillerée à soupe de curcuma (en poudre), 1/2 cuillerée à soupe de gingembre en poudre, 1 c. à café de cardamome en poudre et quelques pincées de fenugrec.

Poudre de curry de Ceylan

Pour 100 g environ (6 cuillerées à soupe)

Versez 3 cuillerées à soupe de graines de coriandre dans une petite poêle à fond épais, faites-les griller à sec pendant 5 minutes en les remuant, puis versez-les dans un grand bol. Répétez cette même opération successivement avec 2 cuillerées à soupe de graines de cumin, 2 cuillerées à soupe de graines de fenouil, 5 clous de girofle et enfin 1 bâton de cannelle cassé en petits morceaux. Lorsque ces épices torréfiées sont refroidies, réduisez-les en poudre au mortier ou dans un moulin à épices. Ajoutez à la poudre obtenue 4 feuilles de curry séchées pulvérisées, 1 cuillerée à café de cardamome en poudre et 1 cuillerée à café de piment en poudre.

Garam massala

La formule la plus simple réunit une part de capsules de cardamome, deux parts de graines de cumin et deux-tiers de part de clous de girofle. En voici une autre, également très courante (la première formule se prépare comme la seconde). Étalez sur la tôle du four en une seule couche 1 cuillerée à soupe de capsules de cardamome, autant de clous de girofle, 1 bâton de cannelle cassé en petits morceaux, 3 cuillerées à soupe de graines de cumin, autant de grains de poivre noir et autant de graines de coriandre. Faites rôtir ce mélange pendant une demi-heure dans le four chauffé à 180 °C, en les remuant 3 ou 4 fois. Sortez-les du four et râpez sur le dessus une noix de muscade ; laissez refroidir ; écossez les capsules de cardamome pour libérer les graines. Réunissez le tout dans un mortier ou un moulin à épices et réduisez en poudre.

Pâte de curry rouge

Pour environ 10 cuillerées à soupe

Broyez dans un grand mortier 10 piments rouges frais, épépinés, équeutés et hachés. Ajoutez 2 cuillerées à soupe de coriandre fraîche ciselée, 1 tige de citronnelle hachée, 3 gousses d'ail pelées et un tronçon de *galanga* de 4 cm pelé et haché. Continuez à écraser ces ingrédients avec le pilon, en ajoutant 1 cuillerée à café de grains de poivre noir. Incorporez ensuite 2 cuillerées à soupe de coriandre en poudre, 1 cuillerée à soupe de cumin en poudre, 1 cuillerée à café de curcuma et autant de sel. Mélangez intimement, puis incorporez en dernier, toujours en pilant régulièrement, 2 cuillerées à café de pâte de crevettes. Faites chauffer 3 cuillerées à soupe d'huile d'arachide dans un poêlon, ajoutez la pâte précédente et faites-la revenir en remuant avec une spatule pendant 5 minutes sur feu modéré. Retirez du feu, laissez refroidir et mettez la pâte de curry dans un bocal fermé.

Pâte de curry verte

Pour environ 12 cuillerées à soupe

Lavez et équeutez une dizaine de piments verts frais de taille moyenne. Retirez les graines (sauf si vous souhaitez une saveur vraiment brûlante). Pelez et hachez 2 gousses d'ail et 1 oignon. Hachez finement quelques tiges de coriandre fraîche et une demi-tige de citronnelle. Réunissez ces ingrédients dans un mortier et pilez-les jusqu'à consistance pâteuse en leur ajoutant 1 cuillerée à café de grains de poivre noir, autant de graines de coriandre, 2 cuillerées à café de graines de carvi. Mélangez par ailleurs 1 cuillerée à café de zeste de citron vert, autant de sel, de curcuma et de *galanga* en poudre. Délayez ce mélange avec 1 cuillerée à café d'huile de sésame et 2 cuillerées à café de pâte de crevettes. Réunissez les deux préparations dans le mortier et continuez à piler jusqu'à consistance homogène. Conservez cette pâte dans un bocal fermé.

Le service du curry

Ce sont les garnitures douces, fraîches ou fruitées, ainsi que l'accompagnement de riz ou de galettes et de pains non levés qui font du curry un plat aux multiples facettes, en accord parfait avec les saveurs épicées ou piquantes de la fameuse sauce couleur d'or et de safran. Des tranches d'ananas, d'avocat ou de mangue nature, des cacahuètes grillées et des noix de coco en poudre peuvent escorter toutes sortes de curry, mais il existe des préparations cuisinées, comme les raïtas (salade de légumes au yaourt) et les chutneys, qui donnent au curry une autre dimension. Si le riz constitue un accompagnement obligé, le choix varié des galettes indiennes propose des alternatives toutes aussi délicieuses.

Galettes et plats de riz

Naans

Pour une douzaine de galettes

Mélangez dans un saladier 80 g de farine ordinaire, 2 yaourts nature, 1 sachet de levure chimique, 2 cuillerées à soupe d'huile et 1 pincée de sel. Travaillez la pâte avec une spatule en bois jusqu'à consistance très homogène. Laissez reposer pendant un quart d'heure, puis partagez la boule de pâte en douze portions. Aplatissez-les avec un rouleau à pâtisserie fariné en leur donnant une forme ovale, puis faites-les cuire l'une après l'autre dans une petite poêle légèrement huilée, en comptant 3 minutes de chaque côté, jusqu'à ce qu'elles soient un peu gonflées. Servez-les chaudes. Vous pouvez, avant de les faire cuire, les badigeonner avec un peu d'huile de moutarde dans laquelle vous aurez écrasé une gousse d'ail.

Chapatis

Pour 8 galettes environ

Réunissez dans un grand saladier, en les tamisant, 150 g de farine complète, 50 g de farine ordinaire et 1 cuillerée à café de sel. Mélangez intimement, puis faites une fontaine au milieu. Versez-y 15 cl d'eau, puis incorporez petit à petit la farine avec une spatule pour pouvoir ramasser la pâte en boule. Travaillez le mélange en ajoutant 1 cuillerée à soupe de beurre clarifié. Versez cette pâte sur le plan de travail fariné et pétrissez-la jusqu'à consistance lisse et élastique. Partagez-la en 8 portions égales, puis aplatissez-les finement, pour obtenir des galettes rondes et fines de 12-14 cm de diamètre. Faites chauffer une grande poêle à revêtement anti-adhésif et faites cuire les galettes une par une en secouant la poêle de temps en temps. Comptez une minute environ de chaque côté jusqu'à ce qu'elles soient bien dorées, avec des petites boursouflures. Servez-les dans une corbeille, cassées en deux.

Parathas aux épinards

Pour une vingtaine de galettes

Faites décongeler 200 g d'épinards hachés et pressez-les fortement pour évacuer le maximum d'eau. Tamisez 200 g de farine ordinaire dans un grand saladier, ajoutez 80 g de farine complète, elle aussi tamisée, puis 1 cuillerée à café de cumin et autant de sel. Mélangez et faites une fontaine au milieu. Ajoutez les épinards, 12 cl d'eau tiède et 3 à 4 cuillerées à soupe de beurre clarifié. Mélangez tous les ingrédients jusqu'à consistance lisse et homogène. Couvrez le saladier avec un torchon et laissez reposer pendant 1 heure. Partagez la pâte en vingt portions et aplatissez-les en rondelles de 15 cm de diamètre environ. Badigeonnez-les légèrement de beurre clarifié, repliez-les en deux, beurrez à nouveau et repliez encore en deux, puis aplatissez-les au rouleau. Faites-les dorer ensuite dans une poêle avec de l'huile bien chaude, pendant 2 minutes en les retournant jusqu'à ce qu'elles soient légèrement boursouflées. Égouttez-les sur du papier absorbant avant de les servir. Vous pouvez remplacer les épinards par de la chiffonnade de laitue ou de l'oignon doux émincé.

Petites galettes frites

Pour une douzaine de galettes

Tamisez ensemble dans un grand saladier 230 g de farine ordinaire, 1 sachet de levure chimique et 1/2 cuillerée à café de sel. Ajoutez 1 cuillerée à café de sucre et mélangez, puis incorporez un œuf entier battu et 4 cuillerées à soupe de yaourt. Travaillez la pâte jusqu'à consistance lisse et molle. Couvrez le saladier d'un torchon et laissez reposer au frais pendant 2 heures. Reprenez la pâte et travaillez-la sur une planche farinée pendant quelques minutes, puis partagez-la en 12 portions. Aplatissez ces portions de pâte en disques de 12 cm de diamètre. Faites chauffer de l'huile dans une grande poêle à rebords. Quand elle est bien chaude, plongez deux ou trois disques de pâte et faites-les frire rapidement en appuyant dessus avec une écumoire. Retournez-les, faites-les bien dorer, puis égouttez-les et faites frire les autres *batoras* de la même façon.

Riz jaune au curcuma, raisins secs et amandes

Pour 6 personnes

Pelez et émincez très finement 1 oignon et 1 gousse d'ail. Faites chauffer 3 cuillerées à soupe d'huile d'arachide dans une grande casserole à fond épais. Ajoutez l'ail et l'oignon, faites-les revenir sans coloration, puis ajoutez 1 cuillerée à café de curcuma, 8 grains de poivre noir écrasé et 1 cuillerées à café de sel, mélangez et versez 350 g de riz basmati. Remuez avec une cuillère en bois jusqu'à ce que les grains de riz soient bien enrobés, puis versez 90 cl environ de bouillon de volaille. Laissez frémir. Enfermez dans un sachet de mousseline 1 bâton de cannelle, 5 clous de girofle et 5 cosses de cardamome écrasées ; ajoutez ces épices dans la casserole. Portez à ébullition, puis couvrez hermétiquement et laissez cuire un quart d'heure, jusqu'à ce que le bouillon soit absorbé. Retirez le sachet d'épices. Incorporez 50 g de raisins secs et 30 g d'amandes effilées. Servez aussitôt.

Pilaf de riz à la noix de coco et au lait

Pour 6 personnes

Mélangez dans un saladier 350 g de riz basmati, 2 cuillerées à soupe de noix de coco en poudre, 2 piments verts épépinés, équeutés et finement hachés, 1 cuillerée à café de sel et 1/2 cuillerée à café de sucre en poudre. Faites chauffer 3 cuillerées à soupe de beurre clarifié dans une grande casserole à fond épais, ajoutez le riz mélangé avec ses aromates et mélangez. Faites revenir en remuant sans arrêt pendant 5 minutes, en ajoutant 1 cuillerée à café de cannelle et autant de cardamome en poudre. Versez 50 cl de lait et 30 cl d'eau environ. Portez à ébullition, baissez le feu, couvrez et laissez cuire pendant une vingtaine de minutes jusqu'à évaporation complète du liquide. Mélangez avec une fourchette pour aérer les grains de riz, en ajoutant 1 bonne cuillerée à soupe de pistaches concassées. Servez chaud.

Ghee Bhat

Pour 6 personnes

Vous aurez fait cuire au préalable 350 g de riz basmati nature. Égouttez-le et laissez-le refroidir. Pelez et émincez finement 2 oignons. Équeutez et épépinez 2 piments verts, coupez-les en fines rondelles. Faites chauffer 3 à 4 cuillerées à soupe de beurre clarifié dans une grande casserole à fond épais. Ajoutez un bâton de cannelle de 5 cm, 2 feuilles de laurier et 4 gousses de cardamome. Faites revenir pendant quelques minutes, puis ajoutez les oignons et les piments. Faites dorer légèrement. Ajoutez ensuite le riz cuit, 1 cuillerée à café de sel et 1/2 cuillerée à café de sucre, ainsi que 2 cuillerées à soupe de raisins secs. Faites cuire en remuant sans arrêt jusqu'à ce que le riz soit bien chaud et légèrement croustillant. Retirez le bâton de cannelle, le laurier et la cardamome. Poivrez et servez chaud.

Chutneys et condiments

Concombre au yaourt et à la menthe

Pour 6 personnes

Pelez deux concombres bien fermes pas trop gros. Coupez-les en deux dans le sens de la longueur. Retirez les graines avec une petite cuillère et coupez ensuite les demi-concombres en fines lamelles. Mettez-les dans une passoire, poudrez de sel fin et laissez dégorger pendant 30 minutes. Pendant ce temps, hachez finement la valeur de 3 cuillerées à soupe de menthe fraîche et, autant de coriandre fraîche. Hachez finement un petit piment vert épépiné et équeuté. Égouttez le concombre à fond et mettez-le dans un saladier, ajoutez les ingrédients précédents, puis incorporez en remuant 5 à 6 yaourts nature, 1 cuillerée à café de zeste de citron finement râpé, quelques pincées de sel et de cumin en poudre. Servez frais. On prépare sur le même modèle des *raïtas* aux pommes de terre (cuites à la vapeur, en lamelles) et à l'oignon, aux aubergines ou aux courgettes (revenues à l'huile et bien égouttées), assaisonnées d'un peu de piment en poudre.

Tomates à la coriandre

Pour 6 personnes

Coupez en lamelles ou en fins quartiers 4 belles tomates mûries au soleil, mettez-les dans une jatte en ajoutant aussitôt un petit bouquet de coriandre fraîche finement ciselée. Incorporez ensuite 1 oignon doux pelé et finement émincé, 1 cuillerée à soupe de jus de citron, 1 cuillerée à café de sel, autant de poivre moulu et encore autant de sucre en poudre. Mélangez, couvrez et mettez au frais pendant 30 minutes avant de servir. Vous pouvez aussi mélanger tomates et concombre à parts égales et assaisonner le tout avec du jus de citron vert.

Chutney à l'ananas

Pour 1 gros ananas mûr, épluché et coupé en petits morceaux, comptez 125 g de cassonade, 30 g de raisins secs, 12 cl de vinaigre de cidre ou de malt, 2 échalotes pelées et finement hachées, 1 cuillerée à soupe de gingembre frais finement râpé et éventuellement un peu de piment vert frais finement haché. Tous les ingrédients sont réunis à la fois dans une casserole à fond épais et mis à mijoter jusqu'à consistance sirupeuse. La cuisson dure environ 20 minutes. Conservez de préférence dans des bocaux à confiture stérilisés.

Chutney à la mangue

Pour 500 g de chutney environ

Réunissez dans une casserole à fond épais 1/2 cuillerée à café de piment en poudre, 3 cosses de cardamome. 2 clous de girofle, 1/2 cuillerée de graines de coriandre, autant de graines de moutarde, 1 petit bâton de cannelle et quelques grains de poivre concassés. Faites chauffer en remuant jusqu'à ce que le mélange d'épices devienne odorant. Ajoutez 400 g de pulpe de mangue fraîche coupée en morceaux, 1 pomme verte (Granny Smith), pelée, épépinée et coupée en morceaux, 1 oignon doux pelé et émincé et 1 gousse d'ail pelée et écrasée. Versez 25 cl de vinaigre environ et une pincée de sel. Portez à ébullition, puis baissez le feu et laissez mijoter doucement pendant un quart d'heure en remuant de temps en temps. Incorporez ensuite 185 g de sucre roux en poudre et mélangez intimement. Poursuivez la cuisson en remuant régulièrement pendant une demi-heure jusqu'à consistance épaisse.

Chutney à la tomate

Pour 500 g de chutney environ

Ébouillantez 500 g de tomates rouges, pas trop mûres, pelez-les et coupez-les en quartiers. Coupez en petits morceaux une tomate verte ; pelez et émincez finement 2 échalotes et 2 oignons nouveaux. Faites chauffer 2 cuillerées à soupe d'huile dans une casserole à fond épais, ajoutez 1 cuillerée à café d'un mélange composé à parts égales de graines de cumin, graines d'oignon, graines de fenouil, fenugrec et graines de moutarde. Faites chauffer en remuant quelques instants, puis ajoutez les tomates, les échalotes et les oignons. Remuez et faites revenir jusqu'à ce que les légumes soient ramollis. Salez et ajoutez 1 cuillerée à soupe de sucre. Continuez à faire épaissir en ajoutant 1 cuillerée à café de Maïzena délayée dans un peu de lait.

Intégrer un curry dans un menu occidental

Lorsque l'on prépare en Occident un curry dans les règles de l'art, c'est-à-dire « à l'indienne », avec son cortège de condiments et de garnitures, il constitue tout naturellement le plat de résistance. Il concentre toute l'attention gustative des convives et ne saurait être précédé d'une entrée consistante et relevée, mais complètement décalée, du genre assiette de foie gras, quiche lorraine ou escargots à la bourguignonne. De même on évitera en dessert les tartes trop riches, les crêpes flambées, le paris-brest ou le gâteau au chocolat.

Cela ne signifie pas qu'il faille nécessairement rester dans le registre exotique. La solution de facilité consiste à jouer la carte du dépouillement minimaliste : melon en entrée, sorbet à la pomme verte en dessert. Le « truc » consiste à identifier certaines saveurs dominantes du plat principal et à reprendre l'une d'elles comme ingrédient majeur de l'entrée ou du dessert. Les currys étant constitués de nombreuses saveurs mélangées, on y parvient en général assez facilement.

Que boire avec un curry

« Boire, du moins du vin, est une erreur dont votre palais comme votre digestion feront les frais ; à défaut de lait de coco ou du mélange de petit lait et de soda dont parle James de Coquet, du thé très chaud et non sucré fera parfaitement l'affaire », précise en guise d'avertissement R.-J. Courtine (lequel recommande aussi éventuellement du champagne). La boisson indienne traditionnelle s'appelle le *lassi* : à base de yaourt liquide et d'eau pétillante, elle est particulièrement rafraîchissante.

Mais les indéfectibles amateurs de vins peuvent également choisir parmi plusieurs solutions : le vin jaune (du Jura), agréablement épicé, ou encore le gewurztraminer alsacien. Le *Guide des Sommeliers* propose des accords plus précis : avec un curry doux, buvez par exemple un tavel (rosé) ou bien un blanc, chablis ou condrieu. S'il s'agit d'un curry rouge, orientez-vous plutôt vers un côtes-de-Provence rouge et pour un curry vert, tournez-vous enfin vers un Saint-Joseph ou un côtes-du-Rhône village. Les vins rouges épicés et généreux s'accordent bien en général avec les mets indiens très relevés.

À l'intention de ceux qui recherchent le bon mariage entre un plat et une bouteille de vin, voici quelques exemples qui ont fait leurs preuves :

Avec un curry d'agneau doux et crémeux, pas trop pimenté : un vin rouge pas trop corsé, côtes-du-Roussillon fruité ou bien fitou, un peu plus généreux. Avec un curry de porc un peu plus exotique et épicé : un châteauneuf-du-pape puissant et généeux ou, pour les plus aventureux, un rouge du Chili (à base de merlot) ou d'Australie (à base de shiraz). Avec un curry de poulet classique, fruité et modérément épicé : soit un blanc floral et épicé, comme le condrieu, soit un rosé, comme le tavel ou un côtes-de-Provence. Avec un curry de calmars à la noix de coco : un vin blanc chaleureux comme le chardonnay chilien ou un coteaux-du-Languedoc. Avec des beignets de légumes au curry servis en entrée : un riesling alsacien bien frais.

Les recettes du curry

Les amuse-gueules et petites entrées

Croustillants ou fondants, ces petits hors-d'œuvre, simples à intégrer dans un menu occidental, sont une manière originale d'aborder en douceur l'univers des currys.

Croquettes de pommes de terre au garam massala

Les formules de *garam massala*, mélange d'épices « chaudes » couramment utilisées dans la cuisine indienne, sont variables à l'infini et l'on peut en modifier la force en fonction de son goût. Servez ces croquettes accompagnées d'une salade de concombre au yaourt et à la coriandre ou bien d'un chutney.

Préparation : **25 minutes** • Cuisson : **40 minutes** • Pour **4 personnes**

800 g de pommes de terre à chair farineuse

1 piment vert

2 cuillerées à soupe de coriandre hachée

1 gros oignon

2 cuillerées à café de *garam massala*

huile d'arachide

sel fin

Faites cuire les pommes de terre à l'eau dans leur peau, égouttez-les, rafraîchissez-les et pelez-les. Écrasez-les ensuite en purée grossière avec une fourchette en leur ajoutant la coriandre et 1/2 cuillerée à café de sel. Lavez le piment, retirez la queue et fendez-le en deux, retirez les graines et hachez la pulpe finement. Pelez l'oignon, coupez-le en deux et hachez-le.

Mélangez intimement le piment, l'oignon et le *garam massala*, puis ajoutez cette préparation à la purée de pommes de terre. Mélangez à nouveau.

Prélevez la purée à l'aide de deux cuillères à soupe, façonnez des boulettes, puis aplatissez-les avec la paume de la main. Faites chauffer de l'huile dans une grande poêle et posez les croquettes de pommes de terre ainsi obtenues dedans. Laissez-les colorer en les surveillant et en les retournant plusieurs fois jusqu'à ce qu'elles soient dorées et croustillantes. Servez aussitôt.

Œufs farcis à la pâte de curry verte

Dans toutes les cuisines indiennes et du Sud-Est asiatique, les œufs figurent en bonne place au menu. Qu'ils soient durs, frits ou en omelette, ils constituent des petites entrées, des en-cas ou même des garnitures. Les mélanges d'épices qui les accompagnent sont souvent très piquants, mais vous pouvez en modifier la force selon votre goût.

Préparation : **15 minutes** • Cuisson : **15 minutes** • Pour **4 personnes**

4 gros œufs
2 cuillerées à soupe d'huile d'arachide
2 gousses d'ail
2 échalotes
1 cuillerée à café de piment rouge frais haché
1 petit tronçon de gingembre frais
1 cuillerée à soupe de pâte de curry verte
1 cuillerée à café de nuoc-mam
100 g de queues de crevettes cuites
coriandre fraîche
feuilles de laitue

Faites cuire les œufs dans une casserole d'eau bouillante pendant 10 minutes, égouttez-les, rafraîchissez-les et écalez-les. Réservez. Pelez les gousses d'ail et écrasez-les soigneusement. Pelez les échalotes et émincez-les finement. Pelez le gingembre et hachez-le finement.

Faites chauffer l'huile dans une casserole, ajoutez l'ail, les échalotes et le piment finement haché. Faites revenir sans laisser colorer, puis ajoutez le gingembre et la pâte de curry verte. Mélangez et faites chauffer pendant 5 minutes, puis retirez du feu.

Coupez les œufs durs en deux et récupérez les jaunes. Mettez les jaunes dans une jatte et broyez-les finement en ajoutant le nuoc-mam et les crevettes décortiquées. Incorporez le mélange à la pâte de curry et mélangez jusqu'à consistance homogène. Garnissez les blancs d'œufs évidés avec ce mélange et disposez-les sur un lit de laitue. Décorez de pluches de coriandre et servez.

Samosas au gingembre

Ces rissoles farcies d'un mélange épicé à base de légumes ou de viande font traditionnellement partie de la cohorte des petites entrées chaudes courantes dans la cuisine indienne. Bien chauds et croustillants, ils s'accompagnent le plus souvent d'un chutney, mais vous pouvez aussi proposer en même temps une sauce fraîche au yaourt. On peut également les proposer froids. Si vous voulez réaliser rapidement des *samosas* « express », prenez simplement de la pâte à filo.

Préparation : **45 minutes** • Cuisson : **15 minutes** • Pour **4 à 6 personnes**

POUR LA PÂTE

- 230 g de farine ordinaire
- 1 cuillerée à café de sel
- 3 cuillerées à soupe d'huile d'arachide

POUR LA FARCE

- 3 cuillerées à soupe d'huile
- 1/2 cuillerée à café de graines de cumin
- 400 g de pommes de terre
- 1/4 de cuillerée à café de pâte de piment
- 80 g de petits pois
- 2 cuillerées à soupe de coriandre fraîche
- 1 gousse d'ail
- 1 cuillerée à soupe de pâte de curry douce
- 1 cuillerée à soupe de gingembre frais
- huile de friture

Préparez la pâte. Tamisez la farine avec le sel dans un saladier, faites une fontaine, ajoutez l'huile et commencez à mélanger, puis ajoutez suffisamment d'eau (environ 10 cl) pour obtenir une pâte assez ferme. Travaillez-la pendant une dizaine de minutes pour qu'elle devienne bien lisse. Réservez.

Faites chauffer l'huile dans un *wok* ou une grande poêle, ajoutez le cumin et faites-le revenir pendant 15 secondes en remuant, ajoutez les pommes de terre cuites et coupées en petits dés et le piment. Laissez rissoler, puis ajoutez la pâte de piment, les petits pois cuits, la coriandre ciselée, l'ail pelé et écrasé et la pâte de curry. Mélangez intimement, puis incorporez le gingembre pelé et haché et baissez le feu. Laissez mijoter pendant quelques minutes en écrasant légèrement la préparation. Retirez du feu.

Partagez la pâte en douze boulettes, puis aplatissez-les en disques de 15 cm de diamètre. Coupez ensuite chaque disque en deux. Enroulez chaque demi-disque de pâte en forme de cône et soudez les bords. Remplissez ce cône avec une cuillerée de farce et rabattez le haut du cône vers une pointe pour fermer la rissole. Soudez avec un peu d'eau froide.

Lorsque tous les *samosas* sont prêts, faites chauffer l'huile dans un *wok* ou une sauteuse. Lorsque l'huile est très chaude (un petit croûton de pain plongé dedans doit aussitôt rissoler), plongez 6 ou 7 *samosas* dedans et faites-les frire jusqu'à ce qu'ils soient bien dorés et croustillants. Égouttez-les sur du papier absorbant et faites cuire les autres de la même façon, en faisant à nouveau chauffer l'huile entre chaque fournée. Servez les *samosas* avec un chutney à l'ananas.

Crêpes de crabe au curry

Plus occidentales que typiquement indiennes ou thaïlandaises, ces crêpes farcies n'en sont pas moins subtilement parfumées des épices les plus typiques de ces régions. La saveur aigre-douce de la garniture fait bien ressortir la chair délicate du crabe, enrobée de sauce béchamel relevée de noix de muscade et de curcuma.

Préparation : **35 minutes** • Cuisson : **10 minutes** • Pour **6 personnes**

Préparez la sauce béchamel. Faites fondre le beurre dans une casserole, ajoutez la farine et remuez avec un fouet. Laissez cuire en remuant pendant 2 minutes, puis, lorsque le mélange est bien lisse, retirez du feu et versez le lait sans cesser de fouetter. Remettez sur le feu et faites cuire en remuant pendant 10 à 12 minutes. Évitez surtout toute ébullition. Salez et poivrez, ajoutez 1/4 de cuillerée à café de noix de muscade fraîchement râpée et autant de curcuma. Retirez du feu.

Faites griller à sec les graines de coriandre dans une petite poêle, puis laissez-les refroidir et pilez-les dans un mortier. Pelez la pomme, évidez-la et émincez-la très finement. Pelez et ciselez les échalotes. Faites fondre 60 g de beurre dans une casserole à fond épais, ajoutez la pomme et les échalotes. Faites revenir en remuant jusqu'à ce que les lamelles de pomme soient bien tendres. Ajoutez le curry et la coriandre, mélangez intimement.

Incorporez ensuite la béchamel, le jus de citron et la chair de crabe émiettée. Remuez délicatement jusqu'à ce que la préparation soit bien homogène.

Posez les crêpes à plat l'une après l'autre sur le plan de travail garnissez-les copieusement de farce, rabattez les bords par-dessus, de manière à obtenir des pannequets (en forme de rectangles).

Beurrez un plat à gratin et rangez les crêpes farcies dedans. Parsemez le dessus de parcelles du beurre restant et faites dorer sous le gril. Servez chaud avec une salade de concombre au yaourt ou un chutney à la mangue.

POUR LA SAUCE BÉCHAMEL

45 g de farine

45 g de beurre

45 cl de lait

1/4 de cuillerée à café de curcuma en poudre

1/4 de cuillerée à café de muscade rapée

sel, poivre

POUR LES CRÊPES ET LA GARNITURE

12 crêpes fines à la farine de froment

450 g de chair de crabe

125 g de beurre

1 pomme

2 échalotes

1 cuillerée à soupe de poudre de curry

1 cuillerée à café de graines de coriandre

1 cuillerée à soupe de jus de citron vert

Beignets de légumes à la farine de pois chiches

La farine de pois chiches, ou *besan,* est un ingrédient majeur de la cuisine végétarienne indienne du sud du pays. Elle donne aux beignets de légumes une saveur noisetée délicieuse. Si vous n'en trouvez pas, vous pouvez la remplacer par de la farine ordinaire ou de la farine de maïs, mais les beignets n'auront pas le même goût.

Préparation : **30 minutes** • Cuisson : **20 minutes** • Pour **4 personnes**

Tamisez ensemble les deux farines dans un grand saladier. Ajoutez le bicarbonate, la poudre de piment, le sel et les graines de cumin. Mélangez intimement, puis incorporez en fouettant avec une fourchette environ 20 cl d'eau tiède. Mélangez vivement et laissez reposer pendant un quart d'heure.

Pendant ce temps, préparez les légumes : les bouquets de brocoli et de chou-fleur doivent être minuscules ; la carotte sera pelée et coupée en petits dés, l'oignon pelé et émincé, les feuilles d'épinard équeutées et ciselées. Réunissez tous ces légumes et plongez-les dans une grande casserole d'eau bouillante légèrement salée. Comptez 1 minute d'ébullition en remuant puis versez le tout dans une passoire, passez sous l'eau froide, puis égouttez à fond.

Versez le mélange de légumes dans la pâte et ajoutez la poudre de curry, mélangez intimement.

Faites chauffer l'huile dans une grande poêle à rebords ou un *wok*. La préparation doit vous permettre de confectionner 16 beignets : prélevez la pâte à l'aide d'une cuillère à soupe et faites-la glisser dans l'huile bouillante à l'aide d'une autre cuillère. Faites cuire les beignets par 5 ou 6 en comptant 4 minutes de cuisson en tout. Retournez-les avec une spatule et égouttez-les sur du papier absorbant. Servez ces beignets avec un chutney à la mangue ou un *raïta* au concombre.

120 g de farine de pois chiches

80 g de farine ordinaire

1 cuillerée à café de bicarbonate de soude

1/2 cuillerée à café de poudre de piment

1 cuillerée à café de sel

1 cuillerée à café de graines de cumin

100 g de très petits bouquets de brocoli

100 g de très petits bouquets de chou-fleur

1 carotte

1 oignon

1 poignée de jeunes feuilles d'épinard

1 cuillerée à soupe de poudre de curry

30 cl d'huile d'arachide

Les soupes

Acidulées, aigres-douces ou subtilement épicées, les soupes
et les potages, richement garnis ou plus légers, dévoilent
un monde insoupçonné de saveurs contrastées.

Soupe crémeuse
de pommes au curry

Inspirée de la cuisine indienne sans être une recette authentique de cette région (où l'on n'utilise guère les produits laitiers), cette préparation onctueuse et légèrement acidulée se sert bien froide : elle peut servir d'entrée avant un curry de viande ou de poisson bien épicé.

Préparation : **20 minutes** • Cuisson : **15 minutes** • Pour **4 personnes**

2 cuillerées à soupe de beurre

1 gros oignon doux

1 échalote grise

80 cl de bouillon de volaille

1 cuillerée à soupe bombée de curry doux

1 cuillerée à soupe rase de farine

2 jaunes d'œufs

20 cl de crème fleurette

2 grosses pommes à chair ferme et acidulée

le jus d'un citron vert

quelques brins de coriandre fraîche

sel, poivre noir au moulin

Pelez et émincez très finement l'oignon et l'échalote. Pelez une pomme, retirez le cœur et les pépins et émincez-la finement. Faites fondre le beurre dans une grande casserole à fond épais, ajoutez l'oignon et l'échalote, mélangez et faites revenir jusqu'à ce qu'ils soient bien ramollis, sans coloration. Ajoutez les lamelles de pomme, puis versez le bouillon de volaille et mélangez ; ajoutez ensuite la poudre de curry et mélangez à nouveau. Délayez la farine dans un peu d'eau froide et ajoutez-la à la préparation. Portez lentement à ébullition et laissez frémir pendant 8 à 10 minutes.

Mélangez dans un bol les deux jaunes d'œufs et la crème fraîche. Versez dessus un peu de bouillon chaud et mélangez intimement, puis versez le tout dans la casserole, toujours en fouettant. Retirez aussitôt la casserole du feu. Émulsionnez le contenu de la casserole à l'aide d'un mixer plongeant, salez et poivrez. Versez la soupe dans un récipient, couvrez et mettez au réfrigérateur pour faire refroidir complètement.

Pelez la deuxième pomme, coupez-la en quartiers, retirez le cœur et les pépins, puis coupez les quartiers en petits dés. Arrosez-les de jus de citron. Au moment de servir, répartissez les dés de pomme au citron dans les assiettes, servez le potage crémeux et froid dessus et ajoutez en garniture des pluches de coriandre fraîche.

Soupe thaïe au curry rouge

La coriandre fraîche en fines pluches ajoute une touche de fraîcheur parfumée dans cette soupe de poulet relevée de pâte de curry rouge et de sauce de poissons : *nam-pla* en Thaïlande ou nuoc-mam au Vietnam. Cette sauce brune et salée ajoute une saveur typique dont on peut varier la force à son goût.

Préparation : **15 minutes** • Cuisson : **30 minutes** • Pour **4 personnes**

- 2 cuillerées à soupe d'huile d'arachide
- 3 échalotes
- 1 tige de citronnelle
- le zeste et le jus d'1 citron vert
- 3 gousses d'ail
- 1 piment vert
- 1 cuillerée à soupe de pâte de curry rouge
- 1,5 litre de bouillon de volaille
- 200 g de blanc de poulet cuit sans la peau
- 150 g de vermicelles de soja
- 3 cuillerées à café de sauce de poissons
- 4 cuillerées à soupe de coriandre fraîche

Pelez et émincez finement les échalotes. Hachez finement la tige de citronnelle. Râpez le zeste du citron vert. Pelez et hachez les gousses d'ail. Épépinez le piment et hachez-le. Faites chauffer l'huile dans une grande casserole à fond épais. Ajoutez les échalotes, la citronnelle, le zeste de citron, l'ail et le piment. Remuez avec une cuillère en bois en laissant chauffer pendant 5 minutes sur feu doux.

Par ailleurs, faites chauffer doucement 25 cl de bouillon dans une petite casserole. Mettez la pâte de curry dans une jatte, puis versez délicatement le bouillon tiède par-dessus en fouettant doucement pour bien délayer la pâte de curry. Versez ce mélange dans la casserole à fond épais et ajoutez le reste de bouillon. Portez à la limite de l'ébullition et laissez frémir pendant 15 minutes.

Pendant ce temps, émincez le blanc de poulet en fines languettes régulières et faites tremper les vermicelles de soja dans un saladier plein d'eau bouillante pendant 7 à 8 minutes. Égouttez-les et ajoutez-les dans la casserole avec le poulet et la sauce de poisson. Laissez chauffer pendant 5 minutes, puis ajoutez un trait de jus de citron. Servez aussitôt en parsemant le dessus de pluches de coriandre fraîche.

Potage de légumes au curry et au lait de coco

Variante « européanisée » d'un plat exotique où la force du piment est parfois excessive pour des papilles qui ne sont pas habituées à de telles brûlures, ce curry permet de faire connaissance en douceur avec les fragrances de la cuisine indienne.

Préparation : **10 minutes** • Cuisson : **30 minutes** • Pour **4 personnes**

2 carottes

150 g de chou blanc

2 pommes de terre

1 l de lait de coco léger

1 cuillerée à café de curcuma en poudre

1 cuillerée à café de graines de coriandre

1 tige de citronnelle

4 feuilles de curry

1/2 cuillerée à café de gingembre en poudre

2 gousses d'ail

4 échalotes

2 cuillerées à soupe d'huile de coco

1/2 cuillerée à café de zeste de citron vert finement râpé

sel, poivre

Pelez les carottes et taillez-les en fins bâtonnets. Pelez et lavez les pommes de terre, coupez-les en petits dés. Hachez finement la tige de citronnelle. Pelez les gousses d'ail et les échalotes, mettez-les dans un grand mortier et pilez-les ensemble, en ajoutant progressivement les graines de coriandre, puis le curcuma et le gingembre, et enfin les feuilles de curry et la citronnelle. La préparation ne doit pas être trop sèche ; si ce n'est pas le cas, ajoutez un filet d'huile de coco. Versez cette pâte dans une grande casserole et faites-la chauffer doucement, mais assez longtemps, sans la laisser roussir. Versez le lait de coco et mélangez intimement. Portez lentement à ébullition, puis incorporez les carottes, le chou taillé en julienne et les pommes de terre, ainsi que le zeste de citron. Laissez mijoter à découvert pendant 20 minutes environ. Rajoutez éventuellement un peu de lait de coco chaud en fin de cuisson si le liquide a trop réduit. Salez et poivrez. Servez chaud.

Sajur bobor

Ce potage d'épinards aux feuilles de curry est originaire de Java et demande quelques ingrédients spécifiques, dont les noix de macadam : ces amandes blanches à la saveur de noix de coco sont couramment employées en Asie dans les ragoûts et les currys (aux États-Unis, on les utilise dans des glaces et des gâteaux). Le sucre de palme peut être remplacé par de la cassonade.

Préparation : **10 minutes** • Cuisson : **20 minutes** • Pour **4 personnes**

Triez et équeutez les épinards, lavez-les à grande eau et essorez-les dans un torchon. Hachez-les finement ou coupez-les en fines lanières avec une paire de ciseaux. Pelez et hachez finement les échalotes et l'ail. Versez le lait de coco léger dans une grande casserole, ajoutez le *galanga* et les feuilles de curry, portez à la limite de l'ébullition. Laissez frémir doucement. Écrasez les noix de macadam avec un rouleau à pâtisserie, mettez-les dans un mortier avec les clous de girofle, les graines de coriandre et le sucre de palme. Lorsque le mélange est réduit en pâte, ajoutez celle-ci dans la casserole avec le lait de coco épais et mélangez. Portez à nouveau à ébullition, puis ajoutez les épinards ciselés, l'ail et les échalotes hachés. Laissez frémir en remuant de temps en temps jusqu'à ce que les feuilles de curry soient complètement ramollies et fondues dans le liquide. Salez et poivrez. Servez chaud.

500 g de jeunes pousses d'épinards

2 échalotes grises

3 gousses d'ail

4 feuilles de curry

1/2 cuillerée à café
de *galanga* en poudre

4 noix de macadam

2 clous de girofle

1 cuillerée à café
de graines de coriandre

1 cuillerée à café de sucre de palme

45 cl de lait de coco épais

30 cl de lait de coco léger

sel, poivre

Soupe acidulée de poisson au curry

L'abondance et la diversité des ingrédients de cette recette indienne ne doivent pas vous arrêter : la préparation est simple et le résultat délicieux. Si vous ne trouvez pas de fenugrec, vous pouvez le supprimer.

Préparation : **25 minutes** • Cuisson : **35 minutes** • Pour **4 à 5 personnes**

- 1 cuillerée à soupe de tamarin séché
- 4 cuillerées à soupe d'huile d'arachide
- 2 oignons
- 2 gousses d'ail
- 3 cm de racine de gingembre frais
- 2 cuillerées à café de coriandre en poudre
- 2 cuillerées à café de cumin en poudre
- 1 cuillerée à café de curcuma
- 1 cuillerée à café de piment en poudre
- quelques pincées de fenugrec en poudre
- quelques pincées de cannelle en poudre
- 1 litre de fumet de poisson
- 3 tomates
- 1 cuillerée à soupe de jus de citron vert
- 300 g de filets de bar
- quelques queues de crevettes
- 3 cuillerées à soupe de coriandre fraîche
- sel, poivre

Mettez le tamarin dans un bol, versez dessus 15 cl environ d'eau bouillante, laisser tremper pendant 10 minutes, puis pressez le tamarin avec le dos d'une cuillère dans une passoire fine. Conservez le liquide obtenu et jetez la pulpe. Pelez et émincez finement les oignons et l'ail. Pelez le gingembre et râpez-le. Ébouillantez les tomates, pelez-les, épépinez-les et coupez-les en petits dés.

Faites chauffer l'huile dans une grande casserole, ajoutez les oignons, l'ail et le gingembre. Faites revenir sur feu modéré sans laisser roussir jusqu'à ce qu'ils deviennent translucides.

Ajoutez les poudres de coriandre, de cumin et de curcuma, mélangez intimement, puis ajoutez le piment, le fenugrec et la cannelle. Continuez à remuer en faisant chauffer sur feu doux pendant 5 minutes. Versez alors le fumet de poisson et le jus de tamarin. Laissez chauffer 5 minutes, puis ajoutez les dés de tomates et le jus de citron. Laissez frémir encore 5 minutes, puis ajoutez le poisson coupé en dés : comptez encore 5 minutes de cuisson. Ajoutez enfin les crevettes décortiquées et réchauffez-les en remuant délicatement, salez et poivrez. Parsemez de coriandre ciselée et servez aussitôt.

Chicken mulligatawny

Typique de la cuisine anglo-indienne, ce potage de volaille agrémenté de légumes étuvés est fortement relevé de curry et d'épices, puis garni de poulet et de riz. Dans la version d'origine de la cuisine indienne, on lui ajoute aussi des amandes et du lait de coco.

Préparation : **30 minutes** • Cuisson : **2 heures** • Pour **6 personnes**

Coupez le poulet en morceaux. Pelez et émincez les oignons, parez et coupez les blancs de poireaux et les branches de céleri en fines rondelles. Faites chauffer le beurre dans une cocotte, posez les morceaux de poulet dedans et faites-les doucement colorer en les retournant plusieurs fois, ajoutez les oignons, les poireaux et le céleri. Continuez à faire étuver sans hâte. Poudrez de farine, ajoutez aussi le curry en le répartissant bien. Versez ensuite 2 litres d'eau et salez légèrement. Ajoutez les feuilles de curry et les clous de girofle. Couvrez à moitié et laissez mijoter doucement pendant 2 heures. Pendant ce temps, faites cuire le riz à l'eau et égouttez-le. Hachez grossièrement les amandes ou effilez-les. Au terme de la cuisson, égouttez les morceaux de poulet et désossez-les complètement, récupérez toutes les chairs, retirez la peau et coupez-les en petits morceaux. Versez le contenu de la cocotte dans une passoire posée sur une grande casserole. Salez et poivrez ce liquide ainsi filtré, ajoutez le lait de coco, les chairs du poulet, les amandes et le riz. Mélangez intimement, réchauffez pendant quelques minutes et servez.

1 petit poulet de 1,3 kg environ

50 g de beurre (ou de beurre clarifié)

2 oignons

2 blancs de poireaux

3 branches de céleri

25 g de farine

2 cuillerées à soupe rases de curry

2 feuilles de curry

2 clous de girofle

50 g d'amandes émondées

25 cl de lait de coco épais

150 g de riz cuit

sel, poivre

Soupe de légumes
au riz et au curry

Le mélange de l'ail, du curry, du poivre et du piment donne du relief à cette soupe de chou chinois aux germes de soja, enrichie de grains de maïs et de riz blanc. Vous pouvez remplacer la coriandre fraîche par du basilic. Si vous servez cette soupe en entrée (elle peut aussi constituer un dîner rapide), proposez ensuite un curry de crevettes avec des petites galettes indiennes, puis du fromage frais aux fruits.

Préparation : **10 minutes** • Cuisson : **20 minutes** • Pour **6 personnes**

3 cuillerées à soupe d'huile d'arachide

3 échalotes

2 gousses d'ail

4 oignons nouveaux

2 cuillerées à soupe de curry doux

1,2 litre de bouillon de légumes ou de volaille

150 g de chou chinois

150 g de germes de soja (haricots *mungo*)

100 g de grains de maïs doux

125 g de riz cuit

10 cl de lait de coco épais

1 piment rouge ou vert frais

brins de coriandre fraîche

sel fin, poivre noir en grains

Pelez et émincez très finement les gousses d'ail et 2 échalotes. Parez et émincez les oignons nouveaux. Faites chauffer l'huile dans une grande casserole à fond épais, ajoutez ail et échalotes et faites revenir en remuant sans laisser colorer. Ajoutez le curry et 1/2 cuillerée à café de poivre noir moulu. Mélangez sur feu doux pendant 1 minute, puis versez le bouillon de légumes ou de volaille, et portez lentement à ébullition. Ajoutez alors le chou chinois taillé en fines lanières, les germes de soja, les grains de maïs, les oignons nouveaux et le riz préalablement cuit à l'eau ou à la vapeur. Faites chauffer en remuant de temps en temps pendant 10 minutes, puis versez le lait de coco et continuez à laisser frémir pendant quelques minutes. Laissez la soupe sur le coin du feu pendant la préparation de la garniture : 1 échalote pelée, très finement émincée, le piment épépiné, coupé en fines rondelles et les pluches de coriandre. Répartissez la soupe dans des bols individuels et répartissez la garniture sur le dessus.

Laksa

Copieuse et parfumée, cette soupe enrichie de lanières de poulet et de nouilles de riz est garnie au moment de servir de rondelles d'oignon frit, d'oignon nouveau émincé ou de germes de soja. Originaire de Malaisie, c'est un plat complet à faire précéder de *samosas* ou d'œufs frits. Comme dessert, vous proposerez des mangues fraîches.

Préparation : **30 minutes** • Cuisson : **30 minutes** • Pour **4 personnes**

Pelez et émincez les oignons et l'ail, épépinez le piment et hachez-le. Faites chauffer 2 cuillerées à soupe d'huile dans une casserole à fond épais ou un *wok*. Ajoutez les oignons, l'ail et le piment, faites revenir sans laisser colorer. Ajoutez les noix concassées, le cumin, la coriandre en poudre, le curcuma, la pâte de crevettes et la pâte de curry. Mélangez intimement en continuant à faire chauffer pour que les arômes se mêlent bien. Versez le lait de coco, salez et poivrez. Portez à la limite de l'ébullition, puis baissez le feu et laissez mijoter en remuant de temps en temps.

Taillez les blancs de poulet cuits au préalable en languettes. Coupez le fromage de soja en cubes. Mettez les vermicelles ou les nouilles dans un saladier, recouvrez-les d'eau bouillante et laissez-les gonfler. Pelez et émincez très finement les oignons nouveaux.

Faites chauffer 2 cuillerées à soupe d'huile dans une poêle, ajoutez les languettes de poulet et faites-les revenir rapidement en les remuant pendant 3 minutes, ajoutez les germes de soja et continuez à faire revenir pendant 1 minute. Égouttez et réservez.

Faites chauffer le reste d'huile dans la même poêle, ajoutez les cubes de fromage de soja et faites-les revenir en les retournant plusieurs fois jusqu'à ce qu'ils soient croustillants et dorés.

Répartissez les nouilles bien égouttées dans des grands bols de service, ajoutez dans chaque bol le quart des cubes de fromage de soja et le quart du mélange poulet-germes de soja. Versez dessus le bouillon épicé au lait de coco. Ajoutez des pluches de coriandre fraîche et les fines rondelles d'oignons nouveaux ; servez aussitôt.

400 g de blancs de poulet

120 g de germes de soja

200 g de fromage de soja

200 g de vermicelles de soja ou de nouilles de riz

2 oignons nouveaux

2 oignons doux

2 gousses d'ail

1 piment rouge

5 ou 6 noix de cajou ou du Brésil

1 cuillerée à café de cumin en poudre

1 cuillerée à café de coriandre en poudre

1 cuillerée à café de curcuma

1/2 cuillerée à café de pâte de crevettes

2 cuillerées à soupe de pâte de curry rouge

1,5 litre de lait de coco

6 cuillerées à soupe d'huile d'arachide

brins de coriandre fraîche

sel, poivre

Velouté de moules au curry

Dans cette recette douce et parfumée (extraite du *Livre des épices*, d'Alain Stella, Flammarion), Olivier Roellinger, chef des « Maisons de Bricourt » à Cancale, réalise un mariage subtil entre les saveurs de deux continents qui se complètent sans perdre leur identité. Roellinger n'utilise pas les banales poudres de curry du commerce, mais il prépare son propre mélange qu'il laisse reposer, à la manière indienne, dans un coffret en bois pendant au moins deux semaines. « Il existe des milliers de currys différents, dit ce chef passionné d'épices. Dans ce mélange, c'est la proportion exacte de piment qui est cruciale et la formule que je donne ici résulte de plusieurs essais. Mais vous pouvez modifier les proportions en fonction de votre goût, et même ajouter une épice supplémentaire pour créer votre propre mélange personnel. »

Préparation des épices : **20 minutes, 2 semaines à l'avance**
Préparation et cuisson du plat : **15 minutes, puis 10 minutes** • Pour **4 personnes**

2 litres de moules de bouchot
1 échalote
1 petit verre de vin blanc demi-sec ou moelleux
1 pot de crème fraîche
1 cuillerée à soupe de mélange d'épices
25 g de beurre
pluches de cerfeuil
quelques feuilles de menthe bleue

POUR LE MÉLANGE D'ÉPICES
20 g de curcuma en poudre
5 g de gingembre en poudre
22 g de graines de coriandre
10 g de graines de cumin
10 g de grains de poivre blanc
5 g de clous de girofle
5 g de graines de cardamome
5 g de poivre de Cayenne
5 g de macis
5 g de graines de fenouil
5 g de fenugrec
3 g de badiane

Au moins 2 semaines à l'avance, préparez le mélange d'épices. Faites chauffer une poêle sur le feu sans y mettre ni eau, ni matière grasse. Mettez-y toutes les épices, sauf le curcuma et le gingembre. Mélangez avec une cuillère en bois pendant quelques instants, puis retirez du feu, laissez refroidir et réduisez le tout en poudre ; ajoutez ensuite le curcuma et le gingembre. Mélangez intimement. Versez cette poudre dans une boîte en bois pour que les arômes se mélangent bien.

Grattez les moules et rincez-les abondamment sous le robinet d'eau froide en éliminant le byssus. Lavez-les mais ne les laissez pas tremper.

Pelez et hachez l'échalote. Faites-la revenir au beurre dans une grande marmite. Versez le vin blanc dessus et portez à ébullition, puis mettez les moules dans la marmite. Réglez sur feu vif et couvrez. Au bout de 2 minutes, secouez la marmite et attendez encore 2 minutes. Vérifiez que toutes les moules soient bien ouvertes ; jetez celles qui ne le seraient pas. Retirez du feu. Laissez quelques moules dans leurs coquilles pour la garniture et décoquillez toutes les autres.

Filtrez soigneusement le liquide de cuisson et versez-le dans une casserole. Ajoutez la même quantité de crème. (Il faut un peu plus d'un litre de liquide au total.) Portez à ébullition, puis ajoutez 1 cuillerée à soupe du mélange d'épices (ou davantage selon votre goût) et laissez infuser pendant 5 minutes.

Au moment de servir, donnez à nouveau un tour de bouillon et ajoutez toutes les moules. Servez dans une soupière ou dans des bols individuels en parsemant le dessus de cerfeuil et de quelques feuilles de menthe bleue.

Les viandes

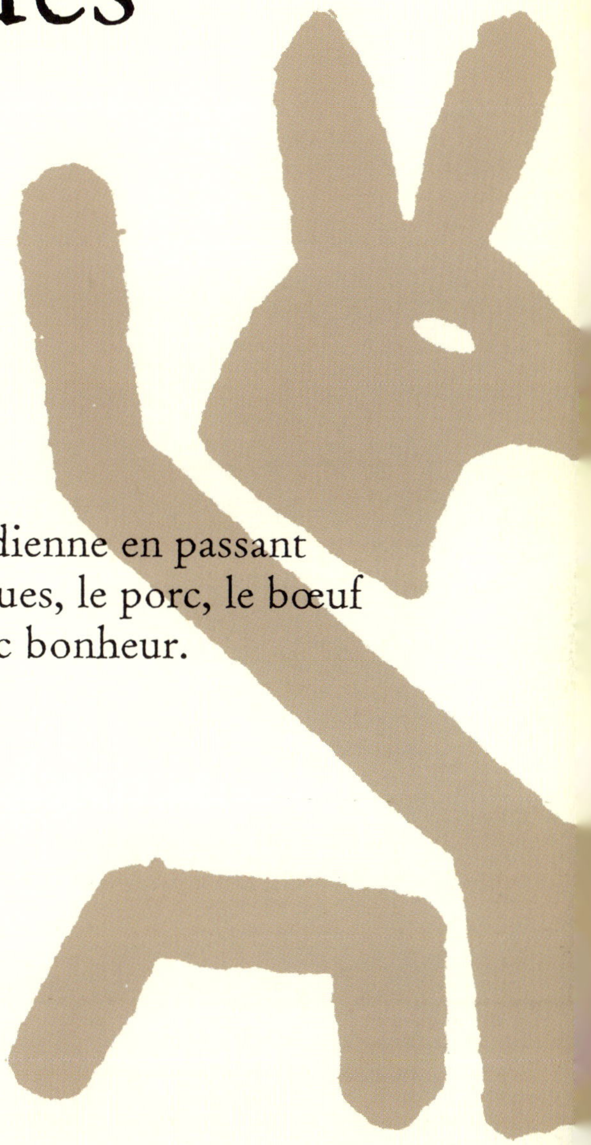

Des grands classiques de la cuisine indienne en passant par des spécialités asiatiques moins connues, le porc, le bœuf et l'agneau jouent du curry avec bonheur.

Roghan Josh

Ce curry de mouton (de mouton et non d'agneau, avec une cuisson en conséquence) fait partie des spécialités du Nord de l'Inde, notamment dans les familles aisées non végétariennes. Dans cette recette typiquement indienne (extraite d'un ouvrage publié à Londres en 1961, *Mrs Balbir Singh's Indian Cookery*), la variété et le nombre des épices peuvent surprendre : toute la difficulté de la préparation consiste effectivement à sélectionner, à réunir et à peser ces ingrédients. Le mode de cuisson lui-même ne présente aucune difficulté.

Préparation : **40 minutes** • Trempage : **30 minutes**
Cuisson : **1 heure 30** • Pour **6 personnes**

- 3 petits piments rouges séchés
- 800 g d'épaule de mouton
- 1 cuillerée à soupe de graines de coriandre
- 1 cuillerée à café de graines de pavot
- 1 cuillerée à café de cumin blanc
- 15 amandes mondées
- 12 grains de poivre
- 6 clous de girofle
- 1/2 cuillerée à café de muscade râpée
- 1/2 cuillerée à café de macis en poudre
- 15 g de poudre de noix de coco
- 15 g de gingembre frais
- 10 gousses d'ail
- 125 g de beurre clarifié
- 5 capsules de cardamome
- 1 oignon moyen
- 1/2 cuillerée à café de poivre de Cayenne
- 1/2 cuillerée à café de curcuma en poudre
- 15 cl de yaourt liquide
- 2 tomates
- 2 cuillerées à café de sel
- 1 petit bouquet de coriandre fraîche
- 1/2 cuillerée à café de *garam massala*

Épépinez les piments et mettez-les à tremper dans un bol avec 15 cl d'eau chaude pendant 30 minutes. Égouttez-les et réservez l'eau de trempage. Faites griller les graines de coriandre dans le four sur la tôle à 180 °C pendant une dizaine de minutes. Sortez-les, laissez-les refroidir et écrasez-les, puis tamisez-les. Réunissez ensuite sur la tôle les graines de pavot et le cumin, les amandes, la cardamome brune, les grains de poivre, les clous de girofle, le macis, la muscade et la noix de coco. Mélangez et faites-les griller également dans le four. Pelez et hachez les gousses d'ail, pilez-les avec le gingembre également pelé, puis ajoutez tous les ingrédients grillés et les piments égouttés. Réduisez le tout en pâte fine (éventuellement dans un mixer) en ajoutant un peu de l'eau de trempage des piments.

Pelez et hachez finement l'oignon. Ébouillantez et pelez les tomates, coupez-les en dés. Faites chauffer le beurre clarifié dans une cocotte en fonte (dotée d'un couvercle creux dans lequel on peut verser de l'eau). Faites revenir les capsules de cardamome écrasées et l'oignon dans le beurre. Mélangez, puis retirez du feu ; ajoutez le poivre de Cayenne, le curcuma et la pâte aux épices. Mélangez et remettez la cocotte sur feu doux. Incorporez le yaourt en remuant, puis ajoutez les tomates et laissez mijoter 5 minutes. Ajoutez la viande désossée et coupée en morceaux avec le sel, faites colorer en remuant pendant quelques minutes, puis ajoutez 30 cl d'eau chaude. Posez le couvercle sur la cocotte et versez-y un peu d'eau. Laissez mijoter tranquillement pendant 1 heure 30. Versez le curry dans un plat creux, poudrez de *garam massala* et ajoutez quelques pluches de coriandre.

Curry de porc au citron vert

Le mélange des épices légèrement piquantes comme la coriandre, le paprika et le curry convient parfaitement à une viande blanche comme le porc, que vient souligner le goût acidulé du citron vert. Cette association de saveurs un peu exubérante dénote une origine plutôt indonésienne ou indochinoise que typiquement indienne. À la place du riz traditionnel de la garniture, vous pouvez proposer un gratin de patates douces.

Préparation : **30 minutes** • Cuisson : **1 heure 30** • Pour **6 personnes**

Coupez la viande en gros dés. Pelez les pommes de terre, lavez-les, essuyez-les et coupez-les en dés. Lavez les aubergines et les courgettes, coupez le pédoncule et taillez la chair en dés. Pelez et émincez finement les oignons et les échalotes ; pelez les gousses d'ail et écrasez-les au pilon ou pressez-les.

Mélangez dans une coupelle la poudre de curry avec le paprika, la coriandre, le gingembre et le curcuma, ajoutez quelques pincées de poivre de Cayenne et réservez.

Faites chauffer l'huile dans une grande sauteuse ou une cocotte. Ajoutez la viande coupée en morceaux, et faites revenir ces derniers en les retournant pour les colorer sur toutes les faces pendant une dizaine de minutes ; salez et poivrez. Ajoutez l'ail pressé, les oignons et les échalotes, mélangez et faites revenir jusqu'à ce que les oignons soient juste blondis, mais sans les faire roussir. Retirez du feu.

Faites chauffer le bouillon de légumes ou de volaille dans une casserole. Remettez la cocotte sur le feu, poudrez son contenu avec la moitié des épices en poudre réunies, mélangez intimement, puis versez la moitié du bouillon et remuez avec une cuillère en bois. Couvrez et laissez mijoter pendant 30 minutes. Pendant ce temps, mélangez les légumes avec le reste des épices en poudre.

Au bout d'1/2 heure de cuisson, ajoutez dans la cocotte les légumes aux épices, le bouquet garni et le reste de bouillon. Portez à la limite de l'ébullition, puis baissez le feu, couvrez et laissez mijoter pendant encore 45 minutes. Un quart d'heure avant la fin de la cuisson, ajoutez 3 citrons verts bien lavés et coupés en quartiers. Au moment de servir, retirez le bouquet garni, goûtez et rectifiez l'assaisonnement, puis garnissez le curry, servi dans un plat creux pour accueillir les légumes et la sauce, avec le dernier citron vert coupé en fines rondelles.

1 kg d'échine de porc désossée

2 pommes de terre

2 aubergines

2 courgettes

2 oignons

3 échalotes

4 gousses d'ail

1 litre de bouillon de légumes ou de volaille

4 citrons verts

1 cuillerée à soupe de poudre de curry

1 cuillerée à café de paprika

1 cuillerée à café de coriandre en poudre

1 cuillerée à café de gingembre en poudre

1/2 cuillerée à café de curcuma

1 bouquet garni

1 petit bouquet de coriandre fraîche

10 cl d'huile d'arachide

sel, poivre de Cayenne

Biryani

Ce curry d'agneau est une véritable célébration des couleurs, des saveurs et des textures : il réunit dans un seul plat de l'agneau et des oignons, des épices et du riz qui ont mijoté ensemble dans un jus de cuisson bien relevé. Dans certaines variantes, on superpose des couches de riz et des couches de viande en sauce épicée dans un plat en terre que l'on finit de faire cuire dans le four. Parsemé d'amandes effilées et de pluches de coriandre, c'est un vrai mets de fête de la cuisine indienne.

Préparation : **25 minutes** • Cuisson : **1 heure** • Pour **4 personnes**

- 2 cuillerées à soupe de beurre clarifié
- 1 cuillerée à soupe d'huile d'arachide
- 4 oignons
- 1 échalote
- 1 gousse d'ail
- 600 g de viande d'agneau maigre
- 3 lamelles de gingembre frais
- 2 feuilles de laurier
- 1 cuillerée à café de graines de cardamome
- 1 petit bâton de cannelle
- 3 clous de girofle
- 3 tomates mûres
- 1/2 cuillerée à café de curcuma
- 1/2 cuillerée à café de cumin en poudre
- 1/2 cuillerée à café de *garam massala*
- 2 verres de riz basmati
- 1 cuillerée à café de graines de pavot
- 50 g d'amandes effilées
- 2 cuillerées à soupe de coriandre fraîche
- 1 cuillerée à soupe de menthe fraîche
- 3 pincées de noix de muscade
- sel, poivre

Pelez et émincez finement les oignons, l'échalote et l'ail. Hachez le gingembre. Ébouillantez, pelez et concassez les tomates en éliminant les graines.

Faites chauffer le beurre clarifié dans une grande sauteuse. Ajoutez la moitié des oignons, l'échalote et l'ail. Faites revenir sans coloration pendant 2 minutes, puis ajoutez la viande coupée en cubes de 2 cm de côté. Faites-la revenir pendant 5 minutes jusqu'à ce que les morceaux soient colorés sur toutes les faces. Ajoutez le gingembre, les feuilles de laurier, la cardamome, la cannelle, les clous de girofle écrasés au pilon, le curcuma, le cumin et le *garam massala*. Mélangez intimement sur feu moyen, puis ajoutez les tomates et juste assez d'eau chaude pour couvrir à peine la viande. Portez à ébullition, puis baissez le feu et laissez mijoter à découvert pendant environ 25 minutes. Salez, poivrez et muscadez.

Pendant ce temps, faites chauffer l'huile dans une casserole à fond épais. Ajoutez le reste d'oignon émincé et faites-le revenir pendant 2 minutes, puis ajoutez le riz en pluie et continuez à faire revenir en mélangeant jusqu'à ce que les grains soient translucides, Ajoutez les graines de pavot et 3 pincées de noix de muscade, versez 2 verres et demi d'eau, couvrez et baissez le feu. Laissez cuire jusqu'à ce que toute l'eau soit absorbée.

Versez le riz dans la sauteuse où se trouve l'agneau en sauce. Mélangez délicatement, retirez le bâton de cannelle et les feuilles de laurier. Versez dans un plat creux et parsemez d'amandes effilées, puis ajoutez les pluches de coriandre et de menthe ciselée. Servez aussitôt.

Cari d'agneau de Madras

S'il ne fallait donner qu'une seule recette de cari, ou de curry, ce serait sans doute ce grand classique de la cuisine indienne interprété à la manière anglaise, et servi dans les règles de l'art avec une salade de mangue fraîche au citron vert, un *raïta* de concombre (au yaourt, relevé d'ail, de cumin, de piment en poudre et de menthe fraîche) et du riz basmati, agrémenté de raisins secs, de noix de cajou et d'amandes effilées. Si vous servez ce cari à l'occidentale, n'hésitez pas à proposer comme boisson d'accompagnement un bandol rosé, légèrement épicé, ou un pinot gris d'Alsace.

Préparation : **40 minutes** • Cuisson : **1 heure 45** • Pour **6 personnes**

Demandez au boucher de dégraisser l'épaule d'agneau et de la détailler en cubes gros comme des bouchées. Retirez le pédoncule des poivrons, coupez-les en deux, retirez les graines et taillez la pulpe en languettes, puis en petits carrés. Pelez et hachez finement les oignons. Ébouillantez les tomates, pelez-les et concassez-les en éliminant les graines. Pelez les gousses d'ail et pressez-les pour les réduire en purée.

Faites chauffer l'huile dans une cocotte ou une grande sauteuse à fond épais. Faites dorer les morceaux de viande dedans, en plusieurs fois, en les retournant régulièrement pour les colorer sur toutes les faces. Retirez-les et réservez-les dans un plat. Videz un peu de graisse de cuisson, puis mettez à leur place les oignons et les poivrons. Remuez et faites revenir doucement pour attendrir les légumes sans les laisser roussir. Ajoutez la pâte de curry (vous pouvez également utiliser de la poudre, préalablement délayée dans un peu d'eau chaude).

Au bout de 3 minutes de cuisson, poudrez de Maïzena et remuez, puis remettez les morceaux de viande, ajoutez les tomates et la pulpe d'ail, le curcuma, la coriandre et le poivre de Cayenne. Salez et couvrez d'eau juste à hauteur, baissez le feu, couvrez et laissez mijoter tranquillement pendant 1 heure 15 environ.

Pelez la pomme, évidez-la et coupez-la en petits dés. Ajoutez-les dans la cocotte, ainsi que la crème fraîche et les amandes. Goûtez et rectifiez l'assaisonnement. La sauce doit être très onctueuse et bien enrober les morceaux de viande. Laissez mijoter pendant 10 à 15 minutes. Servez très chaud avec du riz et des condiments.

1,5 kg d'épaule d'agneau désossée

1 poivron rouge

1 poivron vert

2 gros oignons doux

4 belles tomates charnues, bien mûres

6 gousses d'ail

2 à 3 cuillerées à soupe d'huile d'arachide

1 pomme verte

3 cuillerées à soupe de pâte de curry douce

3 cuillerées à soupe de crème fraîche

1/2 cuillerée à café de curcuma

1/2 cuillerée à café de coriandre en poudre

1/4 de cuillerée à café de poivre de Cayenne

1 cuillerée à soupe rase de Maïzena

50 g d'amandes mondées

sel fin

Curry rouge de porc
aux haricots verts

Les amateurs de sensations fortes, c'est-à-dire fortement pimentées, apprécieront sans doute cette spécialité de la cuisine thaïe qui porte le nom de *phat nam prik mu* : quatre mots qui signifie respectivement frit, eau, piment et porc. Si vous estimez que la saveur de ce curry est trop forte, diminuez la proportion de pâte de curry et de pâte de piment. Servez ce curry avec du riz nature et proposez comme boisson du lait de coco bien frais.

Préparation : **20 minutes** • Cuisson : **15 minutes** • Pour **4 personnes**

2 cuillerées à soupe d'huile d'arachide

300 g de haricots verts

1 poivron rouge

450 g de filet de porc maigre

4 gousses d'ail

3 cuillerées à café de pâte de curry rouge

2 cuillerées à café de purée de piments

15 cl de lait de coco épais

2 cuillerées à café de nuoc-mam

2 feuilles de citronnier vert

sucre en poudre

sel

Effilez et lavez les haricots verts, égouttez-les. Lavez le poivron, coupez-le en deux, retirez les graines et les cloisons, coupez la chair en fines lanières. Détaillez la viande de porc en fines languettes régulières, peu épaisses, de 8 cm de long et 2 ou 3 de large environ. Pelez et hachez finement les gousses d'ail. Retirez la nervure centrale des feuilles de citronnier et ciselez-les finement.

Faites chauffer l'huile dans une grande sauteuse ou un *wok* sur feu moyen. Ajoutez les haricots verts et les lanières de poivron, faites-les sauter en les remuant avec une spatule pendant 3 minutes. Versez-les dans un plat creux en attente.

Posez à nouveau la sauteuse sur feu vif et ajoutez les lamelles de porc et l'ail haché. Faites rissoler sans cesser de remuer pendant 3 minutes jusqu'à ce que toutes les lamelles de viande aient changé de couleur. Ajoutez la pâte de curry et la purée de piments préalablement mélangées dans un bol et délayées avec une cuillerée à soupe d'eau chaude. Mélangez, puis remettez les haricots et le poivron dans la sauteuse et faites sauter le tout pendant 2 minutes.

Versez le lait de coco épais et la sauce de poisson (nuoc-mam), mélangez, ajoutez le sel et quelques pincées de sucre, puis baissez le feu. Laissez mijoter pendant 7 à 8 minutes jusqu'à ce que la sauce soit devenue onctueuse. Ajoutez les feuilles de citronnier ciselées, mélangez et servez.

Rendang Daging

Cette spécialité de la cuisine indonésienne est sans doute le plat le plus connu de Java : il s'agit d'un ragoût de bœuf aux épices et aux piments frais, mijoté dans du lait de coco, relevé par le goût acidulé du tamarin (que vous pouvez éventuellement remplacer par du zeste très finement râpé de citron vert). Toutes ces saveurs se mêlent dans une palette où l'on retrouve le doux et l'amer, le piquant et le salé. La citronnelle et le gingembre apportent leurs touches complémentaires, tandis que la badiane, la cannelle et le clou de girofle réchauffent le fond de cuisson.

Préparation : **15 minutes** • Cuisson : **1 heure 45** • Pour **6 personnes**

Détaillez la viande de bœuf en cubes de 3 cm de côté. Pelez et émincez les oignons. Épépinez les piments et émincez-les. Pelez les gousses d'ail. Faites chauffer 2 cuillerées à soupe d'huile dans une grande sauteuse, posez les morceaux de viande dedans, en plusieurs fois, et faites-les rissoler jusqu'à ce qu'ils soient bien dorés sur toutes les faces. Retirez-les et mettez-les en attente dans un plat.

Dans la matière grasse restante dans la sauteuse, faites revenir les oignons, puis remettez la viande dans la sauteuse et versez le lait de coco. Ajoutez la moitié des piments, ainsi que les gousses d'anis, les capsules de cardamome, les clous de girofle et la cannelle, enfermés dans un sachet en mousseline. Portez à ébullition, puis baissez le feu, couvrez et laissez mijoter pendant 25 à 30 minutes en remuant de temps en temps.

Écrasez les gousses d'ail dans un mortier, incorporez ensuite, toujours en pilant pour écraser les ingrédients en purée, le gingembre pelé et haché, la citronnelle et le reste des piments. Lorsque la pâte est homogène, faites chauffer le reste d'huile dans une poêle, versez-la dedans et poudrez de coriandre. Faites revenir cette pâte sur feu doux en remuant sans arrêt pendant 2 à 3 minutes.

Versez cette pâte sur la viande en ajoutant également le tamarin et la cassonade. Mélangez intimement, couvrez à nouveau et comptez encore une petite heure de cuisson. Quelques instants avant de servir, poudrez de noix de coco râpée.

1 kg de viande de bœuf à braiser (paleron ou macreuse)

2 oignons

3 cuillerées à soupe d'huile d'arachide

50 cl de lait de coco

2 gousses de badiane ou anis étoilé

4 capsules de cardamome brunes

5 clous de girofle

1 bâton de cannelle

4 grands piments rouges frais

4 gousses d'ail

1 tronçon de gingembre de 3 cm

2 tiges de citronnelle

1 cuillerée à soupe de coriandre en poudre

1 cuillerée à café d'extrait de tamarin

2 cuillerées à café de cassonade

3 cuillerées à soupe de poudre de noix de coco

Fricadelles de bœuf en curry

Lorsque les colons hollandais s'installèrent sur cette île qui s'appelait Ceylan au XVIIe siècle, ils apportèrent avec eux leurs habitudes de table et leurs coutumes alimentaires : les fricadelles, ou boulettes de viande rissolées, sont en effet très courantes dans les cuisines de l'Europe du Nord. Les Srilankais, en retour, adoptèrent cette recette, mais en la traitant sur le mode indien, avec des épices et des condiments locaux.

Préparation : **15 minutes** • Repos : **30 minutes**
Cuisson : **25 minutes** • Pour **4 personnes**

- 4 gros oignons
- 2 gousses d'ail
- 500 g environ de viande de bœuf hachée
- 1 tronçon de gingembre frais de 2 cm
- 1 cuillerée à café de sel
- 1/2 cuillerée à café de noix de muscade râpée
- 1/2 cuillerée à café de cannelle en poudre
- 3 clous de girofle
- 1 cuillerée à soupe de concentré de tomate
- 1/2 cuillerée à café de sucre
- 1 trait de tabasco
- 2 œufs
- 100 g de chapelure blonde
- 2 cuillerées à soupe de pâte de curry douce
- 25 cl de lait de coco
- huile d'arachide
- 1 bouquet de coriandre

Pelez et hachez finement les oignons. Pelez et hachez grossièrement les gousses d'ail. Pilez les clous de girofle pour les réduire en poudre. Pelez et hachez finement le gingembre.

Faites chauffer un filet d'huile dans une poêle, ajoutez 2 cuillerées à soupe bien pleines d'oignons émincés et les gousses d'ail ; faites revenir en remuant sans laisser roussir pendant 5 minutes. Versez ce mélange dans une terrine, ajoutez le gingembre et la poudre de clous de girofle, la viande hachée, la noix de muscade, la cannelle et le sel ; écrasez le tout avec une fourchette, puis pétrissez avec vos mains mouillées pour obtenir une farce homogène. Incorporez le concentré de tomate, le sucre et le tabasco, ainsi que 2 cuillerées à soupe de coriandre fraîche finement ciselée. Mélangez à nouveau.

Avec cette farce, façonnez des petites boulettes avec vos mains mouillées. Passez-les dans l'œuf battu, puis dans la chapelure et rangez-les au fur et à mesure sur un plat. Mettez le plat dans le bas du réfrigérateur pendant une demi-heure pour raffermir les boulettes.

Faites chauffer une tasse d'huile dans une grande poêle ; quand elle est bien chaude, posez les boulettes dedans, par groupe de cinq ou six, et faites-les rissoler en les retournant plusieurs fois pendant 5 minutes. Égouttez-les au fur et à mesure sur un plat tapissé de papier absorbant. Réservez.

Faites ensuite chauffer un filet d'huile dans une grande sauteuse, ajoutez le reste des oignons hachés et faites revenir en remuant avec une spatule pendant une dizaine de minutes. Incorporez la pâte de curry et mélangez, puis versez le lait de coco. Laissez mijoter pendant 5 minutes, puis ajoutez les fricadelles rissolées. Remuez délicatement pour bien les enrober, couvrez et laissez chauffer pendant encore 5 minutes. Parsemez de coriandre ciselée, posez à nouveau le couvercle pour laisser infuser pendant 2 minutes, puis servez très chaud.

Korma d'agneau

Par rapport aux plats du Sud de l'Inde, nettement plus épicés et piquants, les spécialités du Nord peuvent paraître douces : c'est le cas avec ce curry tendre et aromatique où la chair de l'agneau s'imprègne d'un mélange de cannelle et de cardamome, juste souligné d'une pointe de piment.

Préparation : **20 minutes** • Cuisson : **1 heure 45** • Pour **6 personnes**

Dégraissez la viande et coupez-la en cubes de 4 cm de côté. Mettez-les dans une grande casserole. Pelez les pommes de terre et coupez-les en deux. Ajoutez-les à la viande, ainsi que 2 oignons pelés et émincés. Ajoutez les clous de girofle, le bâton de cannelle et les feuilles de laurier. Couvrez d'eau et portez à ébullition. Écumez, baissez le feu et laissez mijoter pendant une demi-heure en écumant de temps en temps. Pendant ce temps, faites griller les graines de cardamome à sec dans une petite poêle, laissez-les refroidir, puis pilez-les en leur ajoutant le piment.

Retirez les pommes de terre et réservez-les. Ajoutez la poudre de piment et de cardamome et poursuivez la cuisson à découvert, à petits frémissements pendant une petite heure. Au terme de cette cuisson, prélevez les morceaux de viande et filtrez le liquide, qui a fortement réduit.

Faites chauffer l'huile dans une grande sauteuse, ajoutez le reste des oignons et faites-les revenir en remuant jusqu'à ce qu'ils soient fondus, ajoutez le *garam massala*, la poudre de badiane et la coriandre ; faites chauffer en remuant encore pendant 1 minute, puis ajoutez dans la sauteuse les morceaux de viande et les pommes de terre.

Mélangez délicatement en incorporant le yaourt, laissez frémir pendant 5 minutes, puis ajoutez environ 35 cl du bouillon de cuisson réservé. Salez et poivrez, faites chauffer pendant encore 5 minutes et servez.

- 1,2 kg d'épaule d'agneau
- 600 g de petites pommes de terre à chair ferme
- 4 oignons
- 4 clous de girofle
- 1 bâton de cannelle
- 2 feuilles de laurier
- 1 cuillerée à café de graines de cardamome
- 1 cuillerée à café de piment en poudre
- 2 cuillerées à soupe d'huile d'arachide
- 2 cuillerées à soupe de *garam massala*
- 1/2 cuillerée à café de poudre de badiane
- 1 cuillerée à soupe de coriandre en poudre
- 25 cl de yaourt liquide
- sel, poivre noir au moulin

Curry de bœuf
au gingembre et au piment

Originaire de Sri Lanka, ce curry de bœuf assez piquant, servi traditionnellement avec du riz coloré au curcuma ou au safran, est très facile à réaliser. C'est le goût chaud et épicé du gingembre qui lui donne tout son caractère. Le rhizome de gingembre frais doit être bien ferme avec une peau claire : enveloppé dans du plastique, il peut se conserver dans le réfrigérateur pendant une quinzaine de jours.

Préparation : **20 minutes** • Cuisson : **1 heure 20** • Pour **4 personnes**

- 800 g de filet de bœuf
- 2 cuillerées à soupe d'huile d'arachide
- 2 oignons
- 1 échalote
- 3 gousses d'ail
- 1 tronçon de gingembre frais de 4 cm
- 2 cuillerées à soupe de curry de Ceylan
- 1 cuillerée à café de curcuma
- 1 cuillerée à soupe de graines de moutarde brune
- 1 cuillerée à soupe de jus de citron vert
- 2 piments rouges frais
- 4 tomates mûres
- sucre en poudre
- sel

Coupez la viande de bœuf en cubes réguliers de 4 à 5 cm de côté. Pelez et émincez finement les oignons et l'échalote. Pelez et hachez les gousses d'ail. Pelez le gingembre et hachez-le finement. Épépinez les piments et taillez-les en fines languettes. Ébouillantez les tomates, pelez-les et concassez-les grossièrement.

Faites chauffer l'huile dans une grande sauteuse à fond épais. Ajoutez les oignons, l'échalote, l'ail et le gingembre. Faites revenir en remuant avec une spatule sur feu modéré pendant 5 minutes jusqu'à ce que les ingrédients soient bien fondus. Ajoutez la poudre de curry, le curcuma et les graines de moutarde. Faites revenir sur feu doux en remuant pour bien mélanger toutes les épices.

Ajoutez ensuite les piments et les morceaux de viande, faites revenir pendant quelques instants, puis ajoutez les tomates, le jus de citron et une cuillerée à café de sel. Couvrez et laissez mijoter pendant une petite heure jusqu'à ce que tous les ingrédients soient bien fondus et la viande très tendre. Incorporez quelques pincées de sucre en poudre et laissez mijoter à découvert pendant encore un petit quart d'heure. Servez très chaud.

Curry d'agneau au lait de coco

Les épices ont voyagé dans le monde entier et la mode de l'exotisme a encouragé les amateurs à découvrir de nouvelles saveurs. Ce curry est en fait originaire de Californie du Nord, sur la côte nord-ouest des États-Unis où il s'inscrit naturellement dans une cuisine qui aime les saveurs exotiques venues de Floride et de Louisiane.

Préparation : **20 minutes** • Cuisson : **1 heure 15** • Pour **4 personnes**

Pelez et émincez très finement les oignons. Pelez et épépinez la pomme, coupez-la en fines lamelles. Effilez et hachez les branches de céleri. Coupez le poivron en deux, retirez les graines et les cloisons, taillez la pulpe en petits dés. Faites chauffer la moitié du beurre dans une cocotte, ajoutez les oignons, la pomme et le céleri, faites cuire sur feu modéré en remuant jusqu'à ce que les ingrédients soient bien fondus, sans les laisser roussir. Retirez du feu.

Faites chauffer le reste de beurre dans une grande poêle ou une sauteuse, ajoutez la viande coupée en cubes réguliers ; saisissez-les rapidement en les retournant pour qu'ils soient bien dorés sur toutes les faces. Baissez le feu, poudrez-les de farine et retournez-les pour les enrober, laissez cuire 1 minute, puis ajoutez petit à petit les sept épices successives : gingembre, coriandre, cumin, cardamome, clou de girofle, cannelle et curcuma. Procédez doucement pour ne pas laisser brûler ; le mélange doit se faire progressivement. Mélangez pendant 3 minutes, salez puis versez le lait de coco. Mélangez délicatement, puis versez le tout dans la cocotte et mélangez à nouveau. Couvrez et laissez mijoter pendant 30 minutes.

Retirez le couvercle, ajoutez les dés de poivron, le jus de citron et la menthe ciselée, mélangez, rajoutez un peu de bouillon ou de lait de coco si le mouillement est trop court, puis posez à nouveau le couvercle et poursuivez la cuisson pendant encore 30 minutes. Cette cuisson peut aussi se faire dans le four à chaleur moyenne. Servez très chaud avec du riz nature agrémenté de petits dés d'ananas ou parsemé de noix de coco en poudre légèrement grillée à sec.

1 kg d'épaule d'agneau désossée

2 oignons

1 pomme acide

2 branches de céleri

1 cuillerée à soupe de farine

2 à 3 cuillerées à soupe de beurre clarifié

1 cuillerée à soupe de gingembre en poudre

2 cuillerées à café de coriandre en poudre

1/2 cuillerée à café de cumin en poudre

1/2 cuillerée à café de cardamome en poudre

1/2 cuillerée à café de clous de girofle pilés

1/2 cuillerée à café de cannelle

1 cuillerée à café de curcuma

30 cl de lait de coco

1 poivron vert

1 cuillerée à soupe de jus de citron vert

2 cuiilerées à soupe de menthe fraîche

sel

Curry de viande à l'épinard

Facile et rapide à cuisiner, ce curry se prépare aussi bien avec du filet de bœuf que du filet d'agneau, coupé en morceaux réguliers, gros comme des bouchées. Les Indiens non végétariens utilisent également du cabri ou de la chèvre. Comme dans toutes les recettes de curry, la force et le piquant dépendent du piment : soit vous augmentez la quantité de poudre ou de pâte de piments dans la recette, soit vous utilisez des piments frais qui ne sont pas entièrement épépinés.

Préparation : **20 minutes** • Cuisson : **45 minutes** • Pour **6 personnes**

- 800 g de filet de bœuf ou d'agneau
- 2 cuillerées à soupe de beurre clarifié
- 1 gros oignon doux
- 3 gousses d'ail
- 2 piments rouges frais
- 4 clous de girofle
- 1 cuillerée à café de *garam massala*
- 1/2 cuillerée à café de coriandre moulue
- 1 cuillerée à café de curcuma
- 1 cuillerée à café de piment en poudre
- 1/2 cuillerée à café de cannelle en poudre
- 1/2 cuillerée à café de cumin en poudre
- 3 tomates mûres pas trop grosses
- 20 cl de lait de coco ou de bouillon de bœuf
- 300 g de jeunes feuilles d'épinard
- 1 cuillerée à café de vinaigre de cidre

Pelez l'oignon et émincez-le, ainsi que les gousses d'ail. Coupez la viande en cubes réguliers. Épépinez les piments et émincez-les très finement. Pilez les clous de girofle dans un mortier, puis mélangez-les avec toutes les autres épices en poudre : *garam massala*, coriandre, curcuma, piment, cannelle et cumin. Ébouillantez les tomates, pelez-les et concassez-les en éliminant le maximum de graines. Lavez les épinards et retirez les queues.

Faites chauffer le beurre dans une grande sauteuse à fond épais, ajoutez l'oignon et l'ail, faites revenir sur feu modéré pendant 5 minutes en remuant, mais ne laissez pas roussir. Ajoutez les piments frais et continuez à remuer pendant 2 minutes.

Ajoutez les morceaux de viande et saisissez-les en les retournant plusieurs fois, puis ajoutez le mélange d'épices en poudre et remuez pour bien les enrober. Ajoutez ensuite la concassée de tomates et le lait de coco. Couvrez, baissez le feu et laissez mijoter pendant 20 minutes. Remuez de temps en temps. Ajoutez le filet de vinaigre et les feuilles d'épinard, mélangez délicatement, couvrez à nouveau et poursuivez la cuisson pendant une dizaine de minutes. Servez très chaud avec du riz basmati parsemé d'amandes effilées légèrement grillées.

Les plats végétariens

C'est peut-être avec les légumes que le curry dévoile le plus grand éventail de plats, qui vont du plus rustique au plus sophistiqué, avec des mélanges souvent insolites.

Cocotte de pommes de terre aux épices

Extrêmement facile à réaliser, mais surprenante par les arômes qu'elle exhale, cette recette fait partie des plats que les Indiens qualifient de *dum* : cuits longuement au four dans une cocotte en terre. C'est un plat typique de la cuisine végétarienne, mais qui peut également accompagner un curry, une grillade ou un rôti.

Préparation : **15 minutes** • Cuisson : **1 heure** • Pour **4 personnes**

600 g de petites pommes de terre à chair ferme (charlotte ou roseval par exemple)

3 cuillerées à soupe de beurre clarifié

25 cl de bouillon de volaille

1 cuillerée à café rase de poudre de piment

1 cuillerée à soupe de graines de coriandre

2 cuillerées à café de *garam massala*

1 cuillerée à soupe de gingembre frais

2 cuillerées à soupe de coriandre fraîche

sel, poivre noir au moulin

Brossez les petites pommes de terre sous le robinet d'eau froide, lavez-les, rincez-les et séchez-les, mais ne les pelez pas. Si elles sont un peu grosses, coupez-les en deux. Si ce sont des « grenailles », laissez-les entières. Faites chauffer une petite poêle et versez les graines de coriandre dedans, faites-les griller à sec en les remuant pendant 3 minutes, puis versez-les dans un mortier et laissez-les refroidir, puis pilez-les.

Faites chauffer le beurre clarifié dans une grande poêle ou un *wok*, ajoutez les pommes de terre et faites-les revenir pendant 5 à 6 minutes en les retournant régulièrement. Prélevez-les avec une écumoire pour les mettre dans une cocotte en terre ou en fonte dotée d'un couvercle. Préchauffez le four à 180 °C.

Versez le bouillon dans une petite casserole, ajoutez le piment, les graines de coriandre, le gingembre finement haché et le *garam massala*, salez à votre goût (pas trop) et mélangez, puis faites chauffer jusqu'à la limite de l'ébullition. Versez le tout sur les pommes de terre. Couvrez et mettez la cocotte dans le four à mi-hauteur. Laissez cuire pendant 25 minutes, puis retournez les pommes de terre dans leur jus de cuisson. Remettez dans le four et poursuivez la cuisson pendant encore 20 minutes jusqu'à ce que les pommes de terre soient bien tendres.

Sortez la cocotte du four, donnez plusieurs tours de moulin à poivre et parsemez de pluches de coriandre. Couvrez à nouveau et laissez mijoter pendant quelques instants avant de servir.

Curry blanc

Dans son *Grand Livre des produits et de la cuisine exotique*, Jean Suyeux explique que les currys, à Sri Lanka, figurent à tous les repas : c'est la façon courante d'accommoder les viandes, les volailles, les poissons, les légumes, les fruits et même les fleurs. Le curry blanc, mijoté dans du lait de coco léger, est une sauce spécifique de la cuisine des légumes et des fruits : potiron, courgette, gombos, haricots, banane plantain, margose ou aubergine. Les feuilles de curry ou de *pendamus*, la citronnelle et le tamarin y font bon ménage avec les épices traditionnelles.

Préparation : **10 minutes** • Cuisson : **30 minutes** • Pour **4 personnes**

Pelez et émincez finement les oignons et l'ail. Épépinez et hachez les piments. Hachez également la tige de citronnelle. Lavez les courgettes, retirez le pédoncule et coupez-les en rondelles pas trop fines.

Réunissez tous les ingrédients (sauf les courgettes et le lait de coco épais), dans une casserole. Portez à ébullition, puis baissez le feu et laissez frémir pendant un quart d'heure. Ajoutez les courgettes et laissez cuire pendant 15 minutes. Versez ensuite le lait de coco épais, salez et poursuivez la cuisson sur feu doux pendant 10 minutes.

Le curry blanc se sert avec du riz et les accompagnements traditionnels. On peut augmenter la proportion des oignons et remplacer le curcuma par du safran. Dans certaines recettes, on ajoute de la poudre de poissons séchés, qui fait office de sel.

2 tasses de lait de coco léger
1 tasse de lait de coco épais
2 oignons rouges
2 petits piments verts
1/3 de cuillerée à café de curcuma
2 gousses d'ail
1 cuillerée à café de gingembre râpé
1 bâton de cannelle de 3 cm
8 feuilles de curry
1 tige de citronnelle
8 petites courgettes
sel fin

Curry d'aubergines au panir

Homme d'affaires, cuisinier amateur et grand connaisseur de la gastronomie indienne, Ranjit Rai est l'auteur d'un livre de recettes publié en Angleterre sous le titre évocateur de *Curry, Curry, Curry*. La recette suivant qui en est extraite est un véritable hymne au *massala*. Elle plaira aux amateurs d'aubergines, ici soulignées par un mélange d'épices particulièrement sophistiqué et liées par la présence onctueuse du *panir*, un fromage frais typiquement indien que l'on peut remplacer par du *cottage cheese* ou de la ricotta italienne.

Préparation : **20 minutes** • Repos : **30 minutes**
Cuisson : **45 minutes** • Pour **6 personnes**

2 belles aubergines
2 oignons
200 g de *panir* ou de ricotta
500 g de tomates bien mûres
12 cl d'huile d'arachide
sel fin et poivre noir au moulin

POUR LE MÉLANGE D'ÉPICES

1 cuillerée à soupe de gingembre frais haché
1 cuillerée à soupe d'ail pelé et écrasé (soit 2 ou 3 gousses)
1 cuillerée à soupe de curcuma en poudre
1 cuillerée à soupe de coriandre en poudre
1/4 de cuillerée à café de piment en poudre
1/2 cuillerée à soupe de cumin en poudre

Lavez les aubergines et retirez le pédoncule. Essuyez-les et coupez-les en rondelles régulières pas trop épaisses. Poudrez-les avec un peu de sel et laissez-les dégorger pendant 30 minutes. Pendant ce temps, ébouillantez les tomates, égouttez-les et pelez-les ; coupez-les en deux et pressez-les pour éliminer les pépins, puis passez-les au mixer pour les réduire en purée. Salez et poivrez, réservez.

Écrasez finement le gingembre et l'ail dans un mortier, puis mettez ce mélange dans un petit saladier, ajoutez le fromage frais et le reste des épices. Mélangez intimement. Faites chauffer la moitié de l'huile dans un *wok* et versez-y ce mélange ; faites-le revenir en remuant pendant 5 minutes.

Dans un plat à gratin légèrement huilé, disposez une couche de rondelles d'aubergines épongées, recouvrez-les d'une couche de fromage frais aux épices, continuez à superposer les couches en finissant par des aubergines. Nappez du coulis de tomates, salez et poivrez. Couvrez le plat d'une feuille de papier d'aluminium. Faites cuire dans le four à chaleur moyenne (180-200 °C) pendant une vingtaine de minutes, puis retirez le papier et poursuivez la cuisson pendant 5 minutes.

Pendant la cuisson des aubergines, pelez et émincez finement les oignons en rondelles, puis faites-les frire à l'huile dans une poêle jusqu'à ce qu'ils soient bien dorés et croustillants. Servez le gâteau d'aubergines garni de rondelles d'oignons frites.

Légumes marinés et grillés au garam massala

Cette recette est originaire de la région du Pendjab en Inde : sa caractéristique est de faire mariner les légumes dans un mélange d'épices, d'aromates et de yaourt, puis de les faire griller rapidement avant de les servir, soit en plat végétarien avec par exemple des lentilles ou du riz au safran ou au curcuma, soit en garniture de viande ou de poisson grillé ou rôti.

Préparation : **20 minutes** • Marinade : **1 heure**
Cuisson : **20 minutes** • Pour **4 personnes**

Lavez la courgette et l'aubergine, coupez-les en cubes. Pelez les pommes de terre et coupez-les en deux (voire en quatre si elles sont plus grosses). Pelez les carottes et coupez-les en deux. Mélangez le *garam massala*, le curcuma et le sel. Versez ce mélange dans une grande casserole, puis remplissez-la d'eau, portez à ébullition, puis ajoutez carottes, bouquets de chou-fleur et pommes de terre. Laissez cuire pendant 10 minutes, puis ajoutez la courgette et l'aubergine. Laissez cuire encore 5 minutes et versez le tout dans une passoire. Laissez égoutter.

Pelez les gousses d'ail et le gingembre, hachez-les ; épépinez les piments et hachez-les, passez ces trois ingrédients ensemble au mixer pour les réduire en pâte. Ajoutez tous les autres ingrédients de la marinade et versez le tout dans un plat creux assez grand pour accueillir tous les légumes, mélangez et retournez-les pour bien les enrober. Couvrez et laissez reposer pendant une heure.

Sortez les légumes de la marinade et faites-les griller rapidement, sous le gril du four ou sur un barbecue. Servez très chaud. Vous pouvez les poudrer au moment de servir de graines de cumin grillées à sec et pilées.

16 petits bouquets de chou-fleur

1 courgette bien ferme

1 aubergine

8 petites pommes de terre à chair ferme

8 petites carottes nouvelles

1 cuillerée à café de *garam massala*

1 cuillerée à café de curcuma

1 cuillerée à café de sel

POUR LA MARINADE

25 cl de yaourt liquide nature

3 gousses d'ail

1 tronçon de gingembre frais de 3 cm

2 petits piments rouges

1/2 cuillerée à café de *garam massala*

3 cuillerées à soupe d'huile

2 cuillerées à café de jus de citron

Curry de pommes de terre

Ce plat indien est typique de la cuisine végétarienne, une doctrine diététique élaborée par la grande caste traditionnelle des brahmanes qui préconisent la non-violence et qui par conséquent excluent la viande de l'alimentation. Dans cette recette, les pommes de terre sont mijotées dans une sauce épaisse à base d'oignons, de tomates et d'épices, dont la tonalité est plus parfumée que piquante. On les sert en principe avec des galettes ou du riz, mais on peut aussi en faire une garniture de viande ou de volaille dans un repas non végétarien.

Préparation : **25 minutes** • Cuisson : **45 minutes** • Pour **4 personnes**

800 g de petites pommes de terre rondes à chair ferme

2 gros oignons

3 tomates mûres

1 tronçon de gingembre de 4 cm

4 gousses d'ail

2 piments verts

4 cuillerées à soupe de vinaigre de cidre ou de malt

12 cl d'huile d'arachide

1/2 cuillerée à café de curcuma en poudre

1/2 cuillerée à café de piment en poudre

1 cuillerée à café de *garam massala*

sel, poivre noir au moulin

Pelez les pommes de terre et faites-les cuire à l'eau ou à la vapeur. Égouttez-les et réservez. Pelez les oignons et hachez-les ; ébouillantez les tomates, pelez-les et concassez-les en éliminant les pépins ; pelez et hachez le gingembre et les gousses d'ail ; épépinez et hachez les piments. Passez ces ingrédients au mixer pour les réduire en pâte et ajoutez le vinaigre. Mélangez intimement.

Faites chauffer l'huile dans une sauteuse, ajoutez le mélange précédent et faites revenir sur feu vif pendant 5 minutes en remuant. Ajoutez les pommes de terre et remuez-les pour les enrober. Ajoutez ensuite le curcuma et le piment, mélangez, salez et poivrez.

Versez un verre d'eau, portez à ébullition, puis baissez le feu et laissez mijoter pendant un petit quart d'heure. Versez les pommes de terre et leur sauce onctueuse et parfumée dans un plat de service, poudrez de *garam massala* et servez.

Kaju kari

Si l'on respecte la tradition, il faudrait incorporer dans cette recette cinghalaise très piquante une bonne vingtaine de piments. Cette version plus douce fait de ce curry de noix de cajou une spécialité originale à servir avec du riz basmati nature. Proposez en même temps une salade de papaye verte ou une salade de tomates et de concombre à la coriandre.

Préparation : **30 minutes** • Cuisson : **30 minutes** • Pour **4 personnes**

Pelez et hachez grossièrement 2 oignons. Pelez et hachez les gousses d'ail, coupez la tige de citronnelle en tronçons, pelez et hachez le gingembre, épépinez et hachez grossièrement les piments. Passez tous ces ingrédients ensemble au mixer pour les réduire en pâte. Vous pouvez aussi les hacher finement et les piler dans un mortier, selon la méthode traditionnelle.

Faites chauffer une petite poêle sur le feu, quand elle est bien chaude, ajoutez les graines de coriandre, de cumin et de moutarde ; faites-les griller à sec en les remuant pendant 2 à 3 minutes jusqu'à ce qu'elles dégagent leur parfum et changent de couleur. Retirez la poêle du feu, versez les graines dans un mortier et laissez-les refroidir, puis pilez-les pour les réduire en poudre. Incorporez le curcuma.

Pelez et émincez finement le dernier oignon. Faites chauffer l'huile dans une grande poêle à rebords. Ajoutez l'oignon émincé et faites-le revenir sans laisser trop colorer pendant 2 minutes ; ajoutez la pâte d'oignons, d'ail, de gingembre, de piments et de citronnelle ; mélangez et faites cuire pendant encore 2 minutes, puis ajoutez la poudre d'épices et les feuilles de curry. Mélangez.

Ajoutez ensuite les noix de cajou et 25 cl d'eau environ. Mélangez et laissez mijoter à découvert pendant 15 minutes en remuant de temps en temps jusqu'à ce que la sauce soit bien épaisse. Salez et poivrez. Parsemez de pluches de coriandre.

3 gros oignons

4 gousses d'ail

1 petit tronçon de gingembre frais

1 tige de citronnelle

4 piments verts

2 cuillerées à soupe de graines de coriandre

2 cuillerées à café de graines de cumin

1 cuillerée à café de graines de moutarde

1 cuillerée à café de curcuma en poudre

3 cuillerées à soupe d'huile d'arachide

6 feuilles de curry

450 g de noix de cajou nature

3 cuillerées à soupe de coriandre fraîche

sel, poivre noir au moulin

Massala kaddu

Le potiron – *kaddu* – est un ingrédient assez souvent utilisé dans les recettes végétariennes indiennes, notamment dans les mélanges de riz ou de légumes secs et de légumes frais. Sa couleur et sa texture sont idéales pour absorber les épices et se fondre avec elles. Ce plat très facile à réaliser peut faire partie d'un assortiment de légumes grillés ou braisés ou servir de garniture pour une volaille rôtie.

Préparation : **30 minutes** • Cuisson : **25 minutes** • Pour **4 personnes**

- 800 g de pulpe de potiron
- 1 gros oignon
- 1 tronçon de gingembre de 2 cm
- 3 gousses d'ail
- 2 cuillerées à soupe de beurre clarifié
- 1 cuillerée à soupe de graines de moutarde brune
- 2 cuillerées à café de graines de cumin
- 1/2 cuillerée à café de curcuma
- 1 cuillerée à café de piment en poudre
- 1 cuillerée à soupe de jus de citron vert
- coriandre fraîche
- sel, poivre

Pelez le potiron et retirez les filaments et les graines. Coupez la chair en cubes de 4 à 5 cm de côté : il vous en faut environ 800 g. Pelez et émincez très finement l'oignon et les gousses d'ail ; pelez et hachez finement le gingembre.

Faites chauffer le beurre clarifié dans une grande poêle à rebords ou une sauteuse. Ajoutez les graines de moutarde et de cumin, faites-les chauffer pendant 2 minutes en les remuant jusqu'à ce qu'elles commencent à sauter. Ajoutez alors l'oignon et faites-le revenir en remuant pendant 2 minutes. Ajoutez ensuite l'ail et le gingembre, faites encore revenir en remuant, puis incorporez progressivement les cubes de potiron en les retournant plusieurs fois. Faites revenir pendant 3 minutes, puis ajoutez le curcuma, le piment en poudre et le jus de citron.

Versez 2 cuillerées à soupe d'eau chaude, salez et poivrez. Baissez le feu, couvrez et laissez mijoter pendant 12 à 15 minutes. Les cubes de potiron doivent être bien tendres mais ne pas se défaire. Parsemez de pluches de coriandre et servez.

Khichhari

Tous les ingrédients traditionnels de la cuisine indienne végétarienne sont réunis dans ce riz aux lentilles, cuit avec un mélange d'épices et d'aromates rehaussé de piment et de gingembre. Il peut constituer le plat principal d'un repas, précédé de petites salades ou de beignets de légumes et suivi d'un curry de bananes plantains. Pour varier, vous pouvez remplacer les lentilles par des pois cassés ou des haricots de soja.

Préparation : **20 minutes** • Trempage : **1 heure**
Cuisson : **25 minutes** • Pour **6 personnes**

Faites tremper les lentilles dans de l'eau froide pendant une heure puis égouttez-les. Pelez et hachez finement le gingembre. Pelez et hachez les gousses d'ail. Ciselez 2 cuillerées à soupe de coriandre fraîche. Pelez et hachez finement l'oignon. Épépinez et hachez les piments. Ébouillantez et pelez les tomates, coupez-les en quartiers. Pelez la pomme de terre et coupez-la en dés.

Dans un mortier, pilez les gousses d'ail avec le gingembre et la coriandre, ajoutez, tout en continuant à piler pour réduire le tout en pâte, le curcuma, le paprika et le *garam massala*. Faites chauffer le beurre clarifié dans une grande casserole à fond épais, ajoutez l'oignon et faites-le revenir doucement, puis ajoutez les graines de cumin, les piments et la pâte à base d'épices. Faites revenir sur feu assez vif, puis ajoutez le riz et les lentilles, ainsi que les tomates.

Faites sauter pendant 3 minutes, puis couvrez d'eau juste à hauteur. Portez à ébullition, ajoutez les dés de pomme de terre, puis baissez le feu, couvrez et laissez cuire tout doucement pendant une vingtaine de minutes, jusqu'à absorption complète du liquide. Rajoutez éventuellement un peu d'eau en cours de cuisson si elle s'évapore trop vite et que le mélange risque de devenir trop sec. Mélangez en incorporant quelques cuillerées de coriandre fraîche ciselée. Rectifiez l'assaisonnement et servez.

250 g de lentilles blondes

180 g de riz basmati

1 tronçon de gingembre frais de 3 cm

4 gousses d'ail

1 cuillerée à soupe de curcuma en poudre

1 cuillerée à soupe de paprika

1 cuillerée à soupe de *garam massala*

1 oignon

2 cuillerées à soupe de beurre clarifié

1 cuillerée à soupe de graines de cumin

2 petits piments verts

2 tomates

1 grosse pomme de terre

1 bouquet de coriandre fraîche

sel

Pilaf de riz au chou-fleur
et aux épices

Dans la cuisine végétarienne indienne, nombreuses sont les associations de riz ou de légumes secs avec des légumes frais. Ici, ce sont des petits bouquets de chou-fleur (ou de brocoli) que l'on mélange avec du riz dans une sauce épicée au yaourt et au piment. La difficulté de cette recette, s'il y en a une, ne réside pas dans la préparation ou la cuisson, mais dans la réunion minutieuse de tous les ingrédients.

Préparation : **20 minutes** • Cuisson : **40 minutes environ** • Pour **6 personnes**

300 g de très petits bouquets de chou-fleur

250 g de riz basmati

1 oignon doux

3 ou 4 gousses d'ail

2 cuillerées à soupe de beurre clarifié

1 cuillerée à soupe de graines de cardamome

1 bâton de cannelle

6 clous de girofle

1 tronçon de gingembre frais de 3 cm

2 piments verts

1 cuillerée à café de paprika

1 cuillerée à café de graines de cumin

1 cuillerée à café de *garam massala*

25 cl de yaourt nature

sel, poivre noir au moulin

Pelez et émincez finement l'oignon, ainsi que les gousses d'ail. Pilez dans un mortier la cardamome et les clous de girofle, réservez. Pelez et hachez finement le gingembre, ainsi que les piments verts, après les avoir épépinés.

Faites chauffer le beurre clarifié dans une grande casserole à fond épais, ajoutez les petits bouquets de chou-fleur, salez et poivrez, faites revenir en remuant, puis retirez-les.

Mettez à la place l'oignon et l'ail, faites revenir en remuant sans laisser colorer, puis ajoutez le mélange de cardamome et de clous de girofle, remuez, puis ajoutez le riz en pluie. Faites-le revenir sur feu moyen jusqu'à ce que les grains deviennent translucides. Rajoutez alors les bouquets de chou-fleur, ajoutez également le bâton de cannelle, le gingembre et les piments. Mélangez avec une cuillère en bois pendant quelques minutes, puis versez le yaourt et ajoutez suffisamment d'eau pour que les ingrédients soient entièrement recouverts. Mélangez, incorporez le *garam massala* et les graines de cumin. Baissez le feu, couvrez et laissez cuire doucement jusqu'à ce que le liquide soit entièrement absorbé. Quelques minutes avant la fin de la cuisson, ajoutez le paprika, salez et poivrez. Retirez le bâton de cannelle avant de servir.

Masur dal

Les fondements de la cuisine indienne peuvent se résumer à quatre ingrédients de base : le beurre clarifié, ou *ghee*, le riz, les galettes de farine et les légumes secs, ou *dals*. La recette la plus connue et la plus courante n'est autre que le *masur dal*, ou plat de lentilles à la pâte d'épices, qui se sert traditionnellement avec du riz.

Préparation : **15 minutes** • Trempage : **1 heure**
Cuisson : **40 minutes** • Pour **4 personnes**

Faites tremper les lentilles pendant 1 heure dans de l'eau froide, puis égouttez-les et mettez-les dans une casserole, couvrez d'eau froide et portez à ébullition. Baissez le feu, puis laissez cuire tranquillement pendant 40 minutes. En fin de cuisson, les lentilles doivent être bien tendres en ayant absorbé l'eau de cuisson.

Pendant ce temps, préparez la pâte d'épices. Faites d'abord griller à sec dans une poêle le cumin, le pavot et la coriandre, en leur ajoutant les graines des capsules de cardamome et les clous de girofle. Comptez 3 minutes en remuant le mélange avec une cuillère en bois.

Retirez du feu et laissez refroidir, puis mettez ces épices dans un mortier avec les grains de poivre, et commencez à piler pour les réduire en poudre, en leur ajoutant progressivement le piment, le curcuma et la cannelle. Pilez le tout jusqu'à l'obtention d'une poudre homogène.

Par ailleurs, pelez et hachez finement les gousses d'ail, mélangez-les avec la noix de coco, puis ajoutez la poudre d'épices précédente et mélangez intimement en pilant encore dans le mortier.

Pelez et hachez finement les oignons. Faites chauffer le beurre clarifié et ajoutez les oignons, faites-les juste blondir en remuant, puis ajoutez la pâte d'épices. Mélangez pendant 2 minutes. Lorsque les lentilles sont cuites, ajoutez ce mélange et remuez pour bien les enrober.

200 g de lentilles rouges ou orange

2 oignons

2 cuillerées à soupe de beurre clarifié

sel

POUR LA PÂTE D'ÉPICES

1 cuillerée à café de graines de cumin

1 cuillerée à café de graines de pavot

2 cuillerées à café de graines de coriandre

1 cuillerée à café de poudre de piment (chili)

1 cuillerée à café de curcuma

6 clous de girofle

4 capsules de cardamome

1 cuillerée à café de cannelle

100 g de noix de coco râpée

8 grains de poivre noir

4 gousses d'ail

Sayur kari

La cuisine indonésienne a intégré de nombreux produits typiques de la cuisine chinoise, comme le fromage de soja, les vermicelles de riz et les germes de soja. Ce plat de légumes en sauce épicée, enrichi de vermicelles de riz et agrémenté de petits cubes de fromage de soja se sert traditionnellement avec du riz, qui absorbe la sauce, mais vous pouvez le proposer tel quel en plat principal avec des galettes de pain ou en garniture d'une volaille cuite à la vapeur.

Préparation : **20 minutes** • Cuisson : **25 minutes** • Pour **4 personnes**

- 3 échalotes
- 2 piments verts
- 2 gousses d'ail
- 1 tronçon de gingembre frais de 2 cm
- 1 tige de citronnelle
- 4 pommes de terre
- 200 g de haricots verts
- 1 gros poivron rouge
- 50 g de vermicelles de riz
- 200 g de fromage de soja
- 4 cuillerées à soupe d'huile d'arachide
- 1 cuillerée à soupe de coriandre en poudre
- 1 cuillerée à café de piment en poudre
- 1 cuillerée à café de pâte de crevettes séchées
- 50 cl de bouillon de légumes
- 30 cl de lait de coco
- sel, poivre noir au moulin

Pelez et émincez finement les échalotes, les piments épépinés, les gousses d'ail et le gingembre. Hachez également la citronnelle. Pelez les pommes de terre, lavez-les et coupez-les en petits dés. Lavez les haricots verts après les avoir effilés et coupez-les en tronçons de 2 cm. Coupez le poivron en deux, retirez les graines et les cloisons, coupez la chair en petits carrés.

Égouttez soigneusement le fromage de soja, épongez-le et coupez-le en petits cubes. Faites chauffer 2 cuillerées à soupe d'huile dans une poêle, ajoutez les cubes de fromage de soja et faites-les frire doucement en les retournant avec une écumoire jusqu'à ce qu'ils soient dorés : 1 minute de cuisson suffit. Égouttez-les sur du papier absorbant.

Faites chauffer 2 cuillerées à soupe d'huile dans une grande casserole à fond épais. Ajoutez les échalotes, les piments, le poivron rouge, l'ail, le gingembre et la citronnelle. Faites revenir en remuant pendant 5 minutes sur feu modéré. Ajoutez ensuite le piment et la coriandre en poudre et la pâte de crevettes. Continuez à faire revenir pendant 2 minutes. Versez le bouillon et le lait de coco, portez à ébullition puis ajoutez les pommes de terre.

Baissez le feu et laissez cuire à découvert pendant 6 à 7 minutes, puis ajoutez les haricots verts et faites cuire pendant encore 8 minutes. Pendant ce temps, faites tremper les vermicelles de riz dans un bol d'eau bouillante pendant 10 minutes, puis égouttez-les. Ajoutez-les dans la casserole et comptez encore 3 minutes de cuisson. Incorporez enfin les dés de fromage de soja rissolés et laissez chauffer en remuant délicatement pendant 1 minute. Servez aussitôt.

Curry de courgettes aux cacahuètes

Ce plat indonésien assez piquant se prépare aussi bien avec des courgettes que des aubergines, des bananes plantains ou du potiron. L'ail, le tamarin et la purée de piments au vinaigre lui donnent une saveur très particulière. Il s'accompagne en général de riz nature ou coloré au curcuma. Vous pouvez aussi le servir seul en entrée chaude ou en garniture de poisson. Si vous ne trouvez pas de pâte de tamarin, vous pouvez la remplacer par 1 cuillerée à café de zeste de citron vert finement râpé.

Préparation : **15 minutes** • Cuisson : **20 minutes** • Pour **4 personnes**

Lavez les courgettes, ne les pelez pas, coupez-les en cubes et faites-les cuire à la vapeur jusqu'à ce qu'ils soient bien tendres mais sans se défaire (comptez 4 à 5 minutes de cuisson environ, à partir du moment où l'eau bout). Égouttez-les et réservez-les.

Pelez et émincez finement les échalotes et l'ail. Faites chauffer 2 cuillerées à soupe d'huile dans une poêle à rebords ou un *wok*. Ajoutez les échalotes, l'ail et faites revenir en remuant pendant 5 minutes. Ne laissez pas roussir. Ajoutez la pâte de crevettes et la poudre de gingembre, mélangez pendant 1 minute, puis versez le lait de coco et délayez pendant encore 1 minute. Incorporez la pâte de tamarin, la sauce soja, la purée de piments et le sucre. Salez et poivrez. Mélangez et laissez mijoter pendant 2 à 3 minutes. Mettez les courgettes dans cette sauce et remuez délicatement. Laissez chauffer sur feu doux pendant encore 2 minutes.

Pendant ce temps, concassez grossièrement les cacahuètes dans un mortier. Ajoutez-les, faites chauffer 1 minute et servez.

3 ou 4 courgettes moyennes bien fermes

4 échalotes grises

2 gousses d'ail

1 cuillerée à café de pâte de crevettes séchées

1 cuillerée à café de poudre de gingembre

20 cl de lait de coco

1 cuillerée à café de pâte de tamarin

1 cuillerée à soupe de sauce soja

1 cuillerée à soupe de *sambal oelek* (purée de piments indonésienne)

1 cuillerée à café de sucre roux en poudre

100 g de cacahuètes nature

huile d'arachide

sel, poivre

Curry de fruits aux raisins secs

Les amateurs de saveurs épicées et aigres-douces aimeront sans hésiter ce curry fruité, à servir avec du riz basmati cuit à la vapeur. Il peut également être proposé en entrée ou accompagner un curry de volaille ou de poisson. Choisissez des fruits pas trop mûrs, en particulier pour la banane et l'ananas. Contrairement à la plupart des currys qui sont souvent meilleurs préparés la veille, celui-là est à déguster sitôt cuit.

Préparation : **25 minutes** • Cuisson : **20 minutes** • Pour **4 personnes**

2 oignons doux
1 demi-ananas frais
1 papaye
1 grosse pomme verte
2 bananes presque vertes
2 cuillerées à soupe d'huile d'arachide
2 cuillerées à soupe de curry en poudre
4 cuillerées à soupe de noix de coco en poudre
10 cl de lait de coco
80 g de raisins secs
1 cuillerée à soupe de sucre roux
le zeste d'1 citron vert
sel, poivre noir

Pelez et émincez les oignons. Débarrassez soigneusement le demi-ananas de son écorce et taillez la chair en dés. Pelez la papaye, retirez les graines et taillez également la chair en dés. Pelez et évidez la pomme, coupez-la en quartiers, puis recoupez ces quartiers en deux. Pelez les bananes et coupez-les en rondelles assez épaisse.

Faites chauffer l'huile dans une sauteuse ou une grande poêle. Ajoutez les oignons et faites-les revenir jusqu'à ce qu'ils soient transparents et légèrement dorés. Ajoutez le curry en poudre et mélangez sur feu moyen pendant 1 minute. Ajoutez les quartiers de pomme et les dés d'ananas et faites cuire en remuant délicatement pendant 5 minutes.

Ajoutez ensuite les dés de papaye et les rondelles de banane, la noix de coco râpée ainsi que le lait de coco et les raisins secs. Laissez mijoter doucement pendant une petite dizaine de minutes, puis ajoutez le sucre, salez et poivrez. Laissez la sauce réduire et se lier pendant encore quelques minutes. Pendant ce temps, prélevez de fins filaments de zeste de citron vert avec un couteau à canneler. Versez le curry de fruits dans un plat creux avec toute sa sauce, garnissez de zeste de citron vert, saupoudrez de noix de coco en poudre et servez.

Pois chiches
au curry et à la tomate

D'autant plus facile à préparer que vous utilisez des pois chiches en boîte, cette recette typiquement indienne n'est pas très piquante. Vous pouvez la servir avec un autre plat végétarien de légumes frais (au chou-fleur par exemple) et proposer en même temps un *raïta* au concombre et des galettes de pain croustillantes.

Préparation : **20 minutes** • Cuisson : **30 minutes** • Pour **4 personnes**

Pelez et émincez très finement les oignons, les gousses d'ail, l'échalote et le piment. Faites griller à sec les graines de cumin et de coriandre, laissez refroidir et réduisez-les en poudre ; mélangez-les avec les autres épices en poudre pour obtenir un mélange homogène. Rincez les pois chiches, égouttez-les et réservez. Ébouillantez les tomates, pelez-les, coupez-les en deux, retirez les graines et taillez la chair en petits dés.

Faites chauffer le beurre clarifié dans une cocotte ou un *wok*. Ajoutez les oignons, l'ail, le piment et l'échalote. Faites revenir en remuant sur feu modéré jusqu'à ce que les oignons soient translucides.

Ajoutez le mélange d'épices en poudre et continuez à faire revenir sur feu modéré pendant 5 minutes. Ajoutez ensuite les pois chiches et les tomates. Mélangez délicatement, couvrez et laissez mijoter dans le jus des tomates pendant 8 minutes. Remuez de temps en temps. Ajoutez enfin le *garam massala* et mélangez intimement. Couvrez et laissez chauffer pendant 5 minutes. Servez chaud.

2 gros oignons doux

3 gousses d'ail

1 échalote

1 petit piment vert

2 cuillerées à soupe de beurre clarifié

1 cuillerée à café de paprika

1 cuillerée à café de curcuma

1 cuillerée à café de graines de cumin

1 cuillerée à café de graines de coriandre

1/2 cuillerée à café de poudre de piment

450 g de pois chiches en boîte au naturel

4 grosses tomates mûres

1 cuillerée à café de *garam massala*

Les poissons et fruits de mer

Crevettes et noix de Saint-Jacques, daurades, lottes, moules ou calmars, les saveurs marines savent établir avec le curry des alliances toujours réussies.

Coquilles Saint-Jacques poêlées au curry

et compotée de pommes en l'air

Sans être un plat indien ou même exotique, cette recette que donne Jean-Claude Goumard, du fameux restaurant parisien « Goumard-Prunier », dans le livre qu'il a consacré aux *Poissons, coquillages et crustacés*, est une savoureuse illustration de la manière dont le curry peut s'acclimater aux cuisines occidentales, notamment avec les produits de la mer. Elle peut servir d'initiation à des néophytes en saveurs épicées, qui partant de là découvriront ensuite des currys plus relevés et plus complexes.

Préparation : **15 minutes** • Cuisson : **25 minutes** • Pour **6 personnes**

20 noix de coquilles Saint-Jacques
1,2 kg de pommes reinettes
125 g de beurre
1 échalote grise
15 cl de cidre
1 cuillerée à soupe de crème double
1 cuillerée à café de curry
1 cuillerée à soupe d'huile d'olive
cannelle
sucre en poudre
sel, poivre

Lavez soigneusement les noix de Saint-Jacques. Égouttez-les, puis épongez-les sur du papier absorbant.

Pelez les pommes reinettes, videz-les et taillez-les en gros dés, puis faites-les cuire dans 100 g de beurre mousseux. Sucrez-les légèrement, puis parfumez-les à la cannelle selon votre goût. Réservez.

Pelez et ciselez l'échalote. Faites-la suer dans une casserole avec une noix de beurre, puis mouillez avec le cidre. Laissez réduire des trois quarts, puis ajoutez la crème double et le curry. Fouettez doucement, salez, poivrez et réservez.

Mettez une poêle à chauffer avec l'huile d'olive. Salez et poivrez les noix de Saint-Jacques. Poêlez-les rapidement sur les deux faces.

Nappez le fond de chaque assiette avec la sauce, disposez les pommes en quenelles sur le côté, puis les noix de Saint-Jacques au milieu. Servez aussitôt.

Curry de calmars
à la cinghalaise

Les currys de poisson et de fruits de mer sont fréquents dans la cuisine de Sri Lanka : soit ils sont revenus à la poêle, puis enrobés d'une sauce épicée aigre-douce, soit ils sont sautés directement avec des épices et des aromates et arrosés avant de servir de jus de citron vert. À la place du riz, on sert souvent en garniture du fruit à pain cuit à l'eau, que l'on peut remplacer par des pommes de terre.

Préparation : **20 minutes** • Cuisson : **30 minutes** • Pour **4 personnes**

Lavez les calmars et épongez-les soigneusement. Coupez-les en anneaux. Pelez et émincez les oignons et les gousses d'ail, épépinez et hachez les piments. Ébouillantez et pelez les tomates, coupez-les en quartiers. Pelez le gingembre et hachez-le. Faites chauffer 4 cuillerées à soupe d'huile dans une cocotte, ajoutez les oignons, l'ail et le piment, faites revenir en ajoutant la coriandre et le cumin. Faites revenir en remuant, en ajoutant les tomates, le gingembre, le curcuma et le curry.

Lorsque cette préparation est bien fondue, ajoutez les calmars et continuez à faire revenir le tout sur feu modéré en remuant avec une cuillère en bois. Salez et poivrez. Lorsque les calmars sont bien cuits (8 à 10 minutes), ajoutez le jus des citrons verts et rectifiez l'assaisonnement. Servez chaud.

- 800 g de petits calmars
- 2 gros oignons doux
- 2 gousses d'ail
- 2 petits piments verts
- 3 tomates
- 1 petit tronçon de gingembre de 2,5 cm de long
- 1 cuillerée à café de curcuma
- 1 cuillerée à soupe de curry en poudre
- 1 cuillerée à café de graines de coriandre
- 1 cuillerée à café de cumin en poudre
- 2 citrons verts
- 4 cuillerées à soupe d'huile d'arachide
- sel, poivre

Curry de lotte aux crevettes

Doux et onctueux, agrémenté d'un mélange de tomate, de poivron et de mangue, ce curry parfumé peut également se préparer avec un autre poisson à chair ferme comme la perche de mer, ou encore des joues de raie ou de cabillaud qui font des bouchées de bonne taille. Si vous ne trouvez pas de lait de coco, vous pouvez faire infuser 100 g de noix de coco en poudre dans 25 cl d'eau, sur feu très doux ; filtrez avant emploi.

Préparation : **40 minutes** • Cuisson : **40 minutes** • Pour **4 personnes**

- 800 g environ de queue de lotte
- 220 g de riz basmati
- 100 g de queues de crevettes
- 1 gros poivron jaune
- 1 grosse tomate mûre
- 1 oignon
- 2 gousses d'ail
- 1 échalote
- 2 cuillerées à soupe de curry de Madras
- 15 cl de lait de coco
- 2 cuillerées à soupe d'huile d'arachide
- le zeste et le jus d'1 citron vert
- 100 g de beurre
- 1 grosse mangue mûre
- 1 feuille de citronnier
- quelques pincées de curcuma en poudre
- sucre en poudre
- sel, poivre de Cayenne

Désossez et coupez le poisson en morceaux. Rincez-les et épongez-les. Parsemez-les de zeste de citron vert finement râpé et réservez au frais. Ébouillantez la tomate, pelez-la, coupez-la en deux, retirez les graines et concassez-la finement. Faites griller le poivron sous le gril du four en le retournant jusqu'à ce que la peau soit boursouflée. Pelez-le, retirez les graines et les filaments, hachez très finement la pulpe. Pelez et émincez finement l'oignon, l'ail et l'échalote.

Faites chauffer l'huile dans une poêle, posez les morceaux de poisson dedans et saisissez-les en les retournant plusieurs fois pendant 4 à 5 minutes. Retirez-les et réservez-les.

Faites chauffer 50 g de beurre dans une grande sauteuse, ajoutez l'oignon, l'ail et l'échalote, faites revenir en remuant sans coloration. Poudrez de curry et mélangez sur feu doux. Ajoutez ensuite la tomate, le poivron, 1 cuillerée à café de sucre, 1 trait de jus de citron vert et la feuille de citronnier. Salez et poivrez. Couvrez et laissez mijoter tranquillement pendant 15 minutes.

Pendant ce temps, faites fondre le reste de beurre dans une casserole, ajoutez quelques pincées de curcuma, puis versez le riz en pluie, remuez jusqu'à ce que les grains deviennent transparents, versez dessus une fois et demie le volume de riz en eau, baissez le feu, couvrez et laissez cuire jusqu'à absorption complète du liquide.

Ajoutez les morceaux de lotte dans la sauteuse où se trouve la sauce au curry. Versez le lait de coco et laissez mijoter pendant 8 minutes environ. 3 minutes avant la fin, ajoutez les crevettes décortiquées et mélangez délicatement.

Pendant ce temps, pelez la mangue et coupez la chair en petits dés.

Versez le riz cuit dans un grand plat creux en aérant les grains avec une fourchette. Incorporez rapidement les dés de mangue, faites une fontaine au milieu. Retirez de la sauce du poisson la feuille de citronnier. Versez le ragoût de lotte au curry sur le riz et servez aussitôt.

Boulettes de poisson en sauce à la birmane

C'est avec de la morue dessalée et réduite en purée que l'on confectionne ces boulettes de poisson relevées de gingembre, de sauce de crevettes et de curcuma. La cuisine birmane ne peut se passer de crevettes séchées. Elles entrent dans la composition de nombreux sauces et condiments, comme le *balachaung* qui agrémente le riz, fait à base de poudre de crevettes séchées, revenues avec de l'ail, des oignons, du curcuma et du piment.

Préparation : **40 minutes** • Cuisson : **20 minutes** • Pour **4 personnes**

Égouttez bien le poisson et débarrassez-le de toute la peau et des arêtes. Hachez-le finement et pilez-le grossièrement dans un grand mortier. Pelez et émincez très finement les oignons et les gousses d'ail, mélangez-les et prélevez-en un bon tiers. Ajoutez-le au poisson et continuez à piler en ajoutant 2 cuillerées à soupe de farine, la moitié du gingembre et 2 cuillerées à soupe de coriandre ciselée. Salez, poivrez et ajoutez un trait de jus de citron vert.

Mélangez intimement et façonnez des boulettes de la taille d'un petit abricot. Roulez-les dans le reste de farine. Faites chauffer l'huile dans une sauteuse. Faites dorer les boulettes de poisson dedans en les retournant puis égouttez-les sur du papier absorbant.

Mettez dans l'huile le reste des ingrédients (oignon, ail, gingembre, piment, curcuma et curry). Mélangez et faites mijoter en remuant. Ajoutez ensuite la sauce de crevettes et un peu d'eau. Couvrez et laissez réduire de moitié, puis remettez les boulettes de poisson dedans. Laissez mijoter doucement pendant une vingtaine de minutes. Ajoutez 4 cuillerées à soupe de coriandre ciselée et 2 cuillerées à soupe de jus de citron vert. Laissez infuser encore 5 minutes et servez.

800 g de morue dessalée

2 oignons

2 gousses d'ail

1 cuillerée à soupe de gingembre frais pelé et râpé

1 cuillerée à café de piment en poudre

4 cuillerées à soupe de farine

1 cuillerée à soupe de sauce de crevettes (ou nuoc-mam)

1/2 cuillerée à café de curcuma

1/2 cuillerée à café de curry doux

1 citron vert

1 petit bouquet de coriandre fraîche

10 cl d'huile d'arachide

sel, poivre

Curry de crevettes
au gingembre et à la crème de coco

Typique de la cuisine du Sud de l'Inde, ce curry est une spécialité du Tamil Nadu, non loin de Pondichéry, où le parfum des épices, des fruits et des fleurs s'impose en permanence. Les recettes sont en général très pimentées, mais semblent adoucies par l'onctuosité du lait de coco. Ce curry de crevettes peut être servi en entrée.

Préparation : **15 minutes** • Cuisson : **15 minutes**
Marinade : **1 heure** • Pour **4 personnes**

800 g de queues de crevettes crues

2 petits piments secs

1 cuillerée à café de graines de cumin

1 cuillerée à café de graines de coriandre

1 cuillerée à café de graines de moutarde

1 cuillerée à café de curcuma en poudre

1 tronçon de gingembre frais de 3 cm

2 gousses d'ail

4 feuilles de curry

1 gros oignon doux

25 cl de lait de coco épais

15 cl d'huile d'arachide

Écrasez ou pilez finement les piments secs, en éliminant le plus possible de petites graines. Mettez-les dans un plat creux avec les graines de cumin et de coriandre. Pelez et hachez très finement le gingembre, réduisez-le en pâte dans un mortier et ajoutez-le dans le plat. Pelez et écrasez les gousses d'ail, ajoutez-les également, versez ensuite 12 cl d'huile, mélangez et ajoutez les crevettes décortiquées. Laissez mariner pendant une heure. Pelez l'oignon et émincez-le très finement.

Faites chauffer le reste d'huile dans une poêle à rebords ou une sauteuse. Ajoutez les graines de moutarde et faites-les sauter, puis ajoutez les feuilles de curry et l'oignon. Poudrez de curcuma et faites revenir en remuant.

Égouttez les crevettes avec le maximum des ingrédients de la marinade et ajoutez-les dans la sauteuse. Montez le feu et faites revenir le tout pendant 5 minutes en remuant délicatement. Ajoutez alors le lait de coco, baissez le feu et faites chauffer. Rectifiez l'assaisonnement et servez accompagné de riz.

Machli masala

Ce poisson aux épices cuit à la vapeur est une spécialité du Bengale, où les ressources de la mer sont très présentes en cuisine. L'équilibre est bien réussi entre la fraîcheur du poisson et le piquant des épices. Pour ce plat, choisissez par exemple une belle dorade, un pageot ou un pagre.

Préparation : **20 minutes** • Cuisson : **30 minutes** • Pour **4 personnes**

Mettez les piments dans un bol, couvrez d'eau bouillante et laissez-les tremper pendant 20 minutes. Pendant ce temps, faites griller à sec les graines de moutarde, puis laissez-les refroidir et réduisez-les en poudre. Pelez les échalotes et émincez-les très finement.

Rincez le poisson, qui doit être écaillé et vidé, sous le robinet d'eau froide, épongez-le soigneusement et essuyez-le. Avec un couteau bien aiguisé, entaillez la chair de chaque côté en faisant des fentes obliques assez rapprochées les unes des autres. Poudrez de sel.

Égouttez les piments, ouvrez-les en deux et grattez les graines ; hachez les piments très finement. Mélangez ensuite le curcuma, les graines de moutarde, le *garam massala* et les piments, ajoutez le jus de citron pour obtenir une sorte de pâte. Ajoutez à cette pâte les échalotes.

Étalez ce condiment sur les deux faces du poisson en appuyant un peu pour qu'il pénètre dans la chair. Badigeonnez d'huile le panier de cuisson d'une marmite à vapeur assez grand pour que le poisson soit bien à plat. Tapissez-le de quelques feuilles de laitue et posez le poisson dessus. Posez le tout sur une grande casserole d'eau portée à ébullition. Comptez environ 30 minutes de cuisson en retournant délicatement le poisson au bout d'un quart d'heure. Posez le poisson cuit sur un plat ou servez-le directement dans son panier si vous utilisez un cuiseur à vapeur en bambou. Servez en même temps du riz nature et un *raïta* au concombre.

1 daurade de 1,2 kg environ

1 cuillerée à café de sel

2 piments rouges séchés

1 cuillerée à café de curcuma

1 cuillerée à café de graines de moutarde

2 cuillerées à café de *garam massala*

2 cuillerées à soupe de jus de citron vert

2 échalotes grises

2 cuillerées à soupe d'huile d'arachide ou de moutarde

quelques feuilles de laitue

Curry de moules à l'ananas

C'est la pâte de curry rouge typique de la cuisine thaïlandaise qui donne son caractère à ce plat où le piquant des épices se marie au parfum des moules et au fruité de l'ananas. Le gingembre apporte aussi sa pointe aromatique, tandis que le basilic complète la gamme des saveurs : le basilic thaïlandais possède un goût anisé plus marqué, mais on peut utiliser toute autre variété de basilic.

Préparation : **40 minutes** • Cuisson : **15 minutes environ** • Pour **4 personnes**

- 2 l de grosses moules de bouchot
- 2 échalotes
- 2 tiges de citronnelle
- 1 bouquet de basilic
- 3 cuillerées à soupe d'huile d'arachide
- 2 cuillerées à soupe de pâte de curry rouge
- 1 tronçon de gingembre frais de 4 cm
- 1 piment vert frais
- le zeste et le jus d'1 citron vert
- 20 cl de lait de coco
- 1 cuillerée à soupe de nuoc-mam
- 300 g d'ananas frais
- sucre en poudre
- sel, poivre

Brossez les moules sous le robinet d'eau froide en retirant le byssus. Grattez-les, rincez-les, ne les laissez pas tremper et égouttez-les. Jetez celles qui resteraient ouvertes. Pelez et émincez très finement les échalotes. Hachez la citronnelle. Pelez le gingembre, hachez-le et pilez-le en pâte. Équeutez et épépinez le piment, hachez-le finement. Râpez finement le zeste du citron vert.

Versez de l'eau sur 2 cm dans le fond d'un faitout. Ajoutez les échalotes, la citronnelle et quelques feuilles de basilic. Portez à ébullition. Ajoutez les moules. Couvrez et laissez chauffer sur feu vif jusqu'à ce que les moules soient ouvertes. Versez le contenu du faitout dans une passoire, laissez refroidir et jetez les moules qui sont restées fermées. Décoquillez les autres, réservez les noix de chair.

Faites chauffer l'huile dans une sauteuse. Ajoutez la pâte de curry rouge, le gingembre, le piment et le zeste de citron vert. Faites chauffer en remuant pendant 3 minutes, puis versez le lait de coco, le nuoc-mam et le jus du citron. Salez et sucrez (1 cuillerée à café environ). Mélangez et laissez mijoter pendant 2 minutes. Ajoutez les moules et l'ananas coupé en cubes. Mélangez délicatement juste pour réchauffer. Versez dans un plat creux et parsemez de basilic ciselé. Servez avec du riz thaï nature.

Les volailles

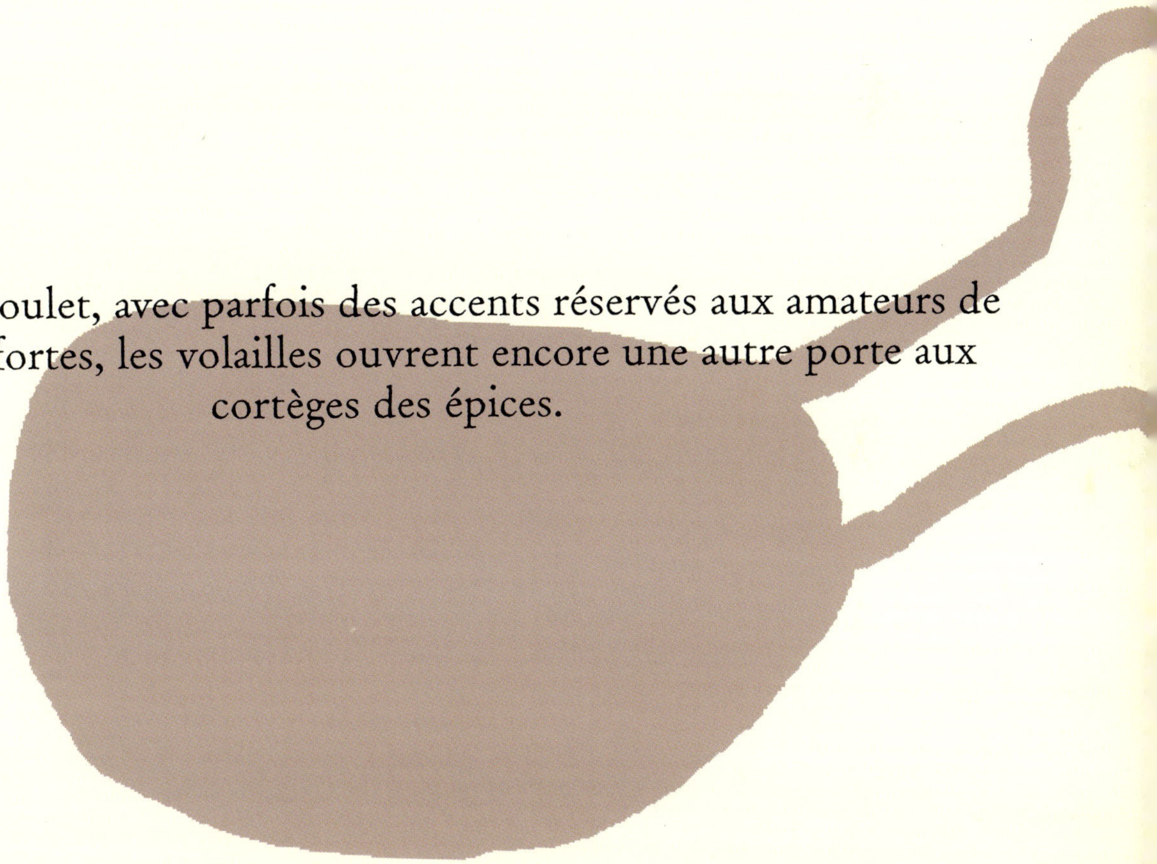

Canard ou poulet, avec parfois des accents réservés aux amateurs de sensations fortes, les volailles ouvrent encore une autre porte aux cortèges des épices.

Poulet au curry vert

À la différence des currys indiens essentiellement fondés sur l'emploi des épices sèches de couleur jaune ou brune, les currys thaïlandais, très odorants et parfumés, font un usage prononcé des herbes fraîches, en particulier la citronnelle et la coriandre, qui ajoutent aussi une couleur particulière. La sauce de poisson (nuoc-mam), le lait de coco, la pâte de curry et le gingembre contribuent également à faire de ce plat une spécialité particulièrement séduisante.

Préparation : **25 minutes** • Cuisson : **15 minutes** • Pour **4 personnes**

- 500 g de blancs de poulet sans la peau
- 1 cuillerée à soupe de nuoc-mam
- 2 gousses d'ail
- 1 tronçon de gingembre frais de 2 cm
- 1 tige de citronnelle
- 3 cuillerées à soupe de pâte de curry verte
- 25 cl de lait de coco
- 25 cl de bouillon de volaille
- 100 g de haricots verts
- 100 g de champignons de couche
- 1 tomate
- 1/2 citron
- 2 cuillerées à soupe d'huile végétale
- quelques feuilles de basilic
- quelques brins de coriandre fraîche

Découpez les blancs de poulet en languettes ou en carrés de 5 cm. Mettez-les dans un plat creux, arrosez-les de nuoc-mam, retournez-les et laissez-les mariner pendant le reste de la préparation. Pelez et émincez finement les gousses d'ail et le gingembre, hachez la citronnelle. Ciselez la coriandre : il en faut 2 ou 3 cuillerées à soupe. Effilez les haricots verts et faites-les cuire à la vapeur ; émincez finement les champignons et citronnez-les. Réservez.

Réunissez l'ail, le gingembre, la citronnelle et la coriandre dans un mortier et pilez-les finement en ajoutant 1 cuillerée à soupe d'huile.

Faites chauffer le reste d'huile dans une sauteuse ou une casserole à fond épais, ajoutez le mélange précédent et faites-le revenir pendant 1 minute, puis ajoutez la pâte de curry et faites encore revenir pendant 30 secondes.

Versez le lait de coco et le bouillon, mélangez intimement et portez à ébullition. Ajoutez le poulet, les haricots verts et les champignons. Mélangez et portez lentement à ébullition. Baissez ensuite le feu et laissez mijoter pendant une dizaine de minutes. Pendant ce temps, ébouillantez la tomate, pelez-la et coupez-la en petits dés.

Ajoutez ces dés de tomate dans la casserole, ainsi que le basilic ciselé. Couvrez, éteignez le feu et laissez infuser pendant 5 minutes, puis servez, avec du riz parfumé nature.

Opor ajam

Ce curry de poulet est typique de la cuisine indonésienne, où l'on retrouve à la fois les épices sèches, mais aussi le *galanga* (que l'on peut remplacer par du gingembre), le lait de coco, la citronnelle et le jus de citron, pour aciduler le jus de cuisson. La marinade peut être raccourcie à une demi-heure. Dans certaines variantes de cette recette classique, on ajoute des noix du Brésil concassées et l'on garnit le plat de rondelles d'oignon frit au moment de servir.

Préparation : **20 minutes** • Marinade : **2 heures**
Cuisson : **1 heure 15** • Pour **4 personnes**

Pelez et hachez les gousses d'ail et le gingembre. Mettez-les dans un grand mortier et ajoutez tous les autres ingrédients de la marinade, pilez pour obtenir une pâte. Enduisez les morceaux de poulet de cette pâte, mettez-les dans un plat creux en terre, couvrez et laissez reposer pendant 2 heures.

Pelez et émincez l'oignon. Faites chauffer l'huile dans une sauteuse. Ajoutez l'oignon et faites-le revenir, puis ajoutez les morceaux de poulet enrobés de pâte. Faites-les revenir en les retournant sur feu modéré pendant 15 à 20 minutes. Quand ils sont bien dorés sur toutes les faces, retirez-les et réservez-les sur un plat. Versez dans la sauteuse le lait de coco et 25 à 30 cl d'eau, délayez en ajoutant la cannelle et les feuilles de citronnier. Portez à ébullition, puis remettez les morceaux de poulet et laissez mijoter en couvrant à demi jusqu'à ce que le poulet soit bien cuit (45 à 50 minutes). Ajoutez le jus de citron et mélangez. Retirez le bâton de cannelle et servez avec du riz ou des patates douces poudrées de curry.

POUR LA MARINADE

4 gousses d'ail

1 tronçon de gingembre de 3 cm

2 cuillerées à soupe de coriandre fraîche ciselée

1 cuillerée à café de coriandre en poudre

2 cuillerées à café de cumin en poudre

1 cuillerée à café de sel

1 cuillerée à café de *galanga* haché

1 cuillerée à café de graines de fenouil

2 cuillerées à soupe d'huile d'arachide

4 grains de poivre noir

POUR LE PLAT

1 poulet de 1,5 kg coupé en morceaux

3 cuillerées à soupe d'huile d'arachide

1 oignon

40 cl de lait de coco

1 bâton de cannelle

3 feuilles de citronnier

1 cuillerée à soupe de jus de citron

Curry de canard de Bali

Dans la cuisine balinaise, le poivre, le clou de girofle et la cannelle figurent toujours en bonne place, généralement accompagnés par des aromates frais comme la citronnelle, le gingembre et le piment. Dans cette recette assez piquante, vous pouvez remplacer les aiguillettes de canard par des blancs de poulet.

Préparation : **40 minutes** • Cuisson : **35 minutes** • Pour **4 personnes**

- 800 g d'aiguillettes de canard
- 2 cuillerées à soupe d'huile d'arachide
- 1 oignon
- 3 gousses d'ail
- 3 piments rouges frais
- 1 tige de citronnelle
- 1 tronçon de gingembre de 3 cm
- 1 cuillerée à soupe de graines de coriandre
- 10 grains de poivre noir
- 3 clous de girofle
- 1 bâton de cannelle
- 50 cl de lait de coco
- 25 cl de bouillon de volaille
- 2 feuilles de curry

Faites chauffer l'huile dans une sauteuse ou un *wok* ; quand elle est bien chaude, saisissez les aiguillettes de canard en les retournant pour qu'elles soient bien dorées. Procédez en plusieurs fois pour ne pas mettre dans la poêle trop de morceaux en même temps. Videz le jus ou la graisse fondue à chaque fois. Retirez les aiguillettes et réservez-les.

Pelez et hachez l'oignon et les gousses d'ail. Épépinez et hachez finement les piments. Si vous appréciez les saveurs très piquantes, n'éliminez pas tous les pépins des piments. Hachez la tige de citronnelle ; pelez et hachez le gingembre. Réunissez tous ces ingrédients dans un robot et mixez pour les réduire en pâte. Vous pouvez également vous servir d'un mortier.

Posez à nouveau la sauteuse sur le feu et ajoutez cette pâte aromatique, faites-la chauffer en remuant sur feu modéré pendant 2 à 3 minutes. Retirez du feu en laissant le mélange dans la sauteuse.

Réunissez dans une petite poêle les graines de coriandre et les grains de poivre grossièrement concassés ; faites-les griller à sec en les remuant pendant 2 minutes, puis laissez refroidir et pilez-les en poudre fine. Concassez les clous de girofle sans les faire griller.

Remettez la sauteuse sur le feu, ajoutez les épices grillées et pilées, mélangez, puis ajoutez les clous de girofle, le bâton de cannelle et le lait de coco. Faites chauffer jusqu'à la limite de l'ébullition et ajoutez le bouillon de volaille et les feuilles de curry.

Remettez les aiguillettes de canard dans la sauteuse et laissez mijoter doucement sans couvrir pendant 25 minutes pour bien mélanger les arômes et faire réduire la cuisson jusqu'à consistance un peu épaisse. Retirez le bâton de cannelle et les feuilles de curry avant de servir.

Canard vindaloo

Le *vindaloo massala* désigne un mélange d'épices typiquement indien où le dosage subtil entre l'ail, le gingembre, la cannelle, la cardamome, la coriandre et le piment rouge est souligné par la marinade acidulée dans laquelle on laisse reposer la viande au préalable. La même préparation peut également s'appliquer au porc mais aussi aux crevettes. Le riz basmati constitue la garniture naturelle de ce plat haut en saveurs, très renommé dans l'ouest de l'Inde. À Bombay, il est synonyme de « ragoût très chaud », mais cette version est tempérée par rapport à la recette originale.

Préparation : **20 minutes** • Marinade : **2 heures** • Cuisson : **45 minutes** • Pour **4 personnes**

Pelez et hachez les gousses d'ail, pilez-les pour les réduire en pâte. Faites de même avec l'échalote et le gingembre. Épépinez les piments, hachez-les et passez-les au mixer avec le vinaigre. Réunissez ces quatre ingrédients dans une jatte. Par ailleurs, concassez les graines de moutarde et les grains de poivre, mélangez-les avec la coriandre, la cardamome, le curcuma et la cannelle. Mélangez ces épices avec la pâte précédente. Si elle est un peu trop épaisse, rajoutez un peu de vinaigre. Mettez les aiguillettes de canard dans un plat creux en terre, ajoutez la pâte d'épices dessus et enrobez-les soigneusement en les retournant plusieurs fois. Couvrez et laissez mariner pendant 2 heures à température ambiante.

Faites chauffer l'huile dans une sauteuse. Égouttez les aiguillettes de canard en récupérant toute la marinade et les épices. Saisissez les languettes de viande dans l'huile chaude pendant quelques minutes en les retournant, puis ajoutez toute la marinade épicée et rajoutez un peu d'eau chaude pour bien enrober les aiguillettes. Réglez sur feu moyen, couvrez et laissez mijoter pendant une petite demi-heure en remuant de temps en temps.

En fin de cuisson, ajoutez une cuillerée à café de sel et autant de sucre, mélangez et montez un peu le feu pour faire réduire pendant encore 5 minutes. Servez le plus chaud possible avec du riz et un chutney à l'ananas.

800 g d'aiguillettes de canard

4 piments rouges frais

20 cl de vinaigre de cidre

4 gousses d'ail

1 échalote

1 tronçon de gingembre frais de 3 cm

1 cuillerée à café de graines de moutarde brune

10 grains de poivre noir

1 cuillerée à soupe de coriandre en poudre

1 cuillerée à café de cardamome en poudre

1 cuillerée à café de curcuma

1/2 cuillerée à café de cannelle en poudre

2 cuillerées à soupe d'huile d'arachide

sucre en poudre

sel

Makhani de poulet

Marinés dans une sauce onctueuse et parfumée au yaourt, à la coriandre fraîche et aux épices, les dés de poulet sont ensuite saisis dans du beurre chaud et mijotés dans un coulis de tomates très réduit relevé d'ail, de piment et de cumin. L'harmonie des saveurs est particulièrement réussie dans ce plat indien très raffiné, à déguster avec des galettes croustillantes ou un riz pilaf.

Préparation : **20 minutes** • Marinade : **2 heures**
Cuisson : **1 heure 30** • Pour **4 personnes**

800 g de blancs de poulet
4 cuillerées à soupe de beurre clarifié
1 yaourt nature onctueux
pluches de coriandre
sel, poivre noir au moulin

POUR LA MARINADE
2 petits piments rouges frais
4 gousses d'ail
1 cuillerée à café de *garam massala*
1 citron
2 yaourts nature onctueux
sel, poivre

POUR LE COULIS
2 cuillerées à soupe d'huile d'arachide
800 g de tomates mûres
1 cuillerée à café de graines de cumin
1 cuillerée à café de graines de coriandre
1 cuillerée à soupe de concentré de tomate
1 cuillerée à café de sucre en poudre

Épépinez et pilez les piments. Pelez et pressez les gousses d'ail. Mélangez ces ingrédients avec le *garam massala*, le jus du citron et les yaourts. Coupez les blancs de poulet en dés et mettez-les dans un plat creux en terre, versez la marinade dessus et laissez mariner à température ambiante pendant 2 heures.

Pendant ce temps, ébouillantez les tomates, pelez-les et coupez-les en deux. Épépinez-les et coupez-les en dés, mettez-les dans une casserole avec l'huile d'arachide, le cumin et la coriandre. Faites chauffer sur feu vif jusqu'à la limite de l'ébullition, puis baissez le feu et laissez mijoter à découvert pendant une petite heure en remuant de temps en temps jusqu'à l'obtention d'une sauce très épaisse. Montez le feu en fin de cuisson pour faire réduire s'il y a trop de liquide. Incorporez le concentré de tomates et le sucre en poudre.

Faites chauffer le beurre clarifié dans une sauteuse ou une grande poêle à rebords. Sortez les morceaux de poulet de la marinade et réservez celle-ci. Posez les dés de poulet dans le beurre chaud et faites-les sauter en les retournant sur toutes les faces jusqu'à ce qu'ils soient bien dorés. Versez la marinade et faites cuire sur feu moyen en remuant de temps en temps pendant une douzaine de minutes. Ajoutez alors le coulis de tomates, et poursuivez la cuisson sur feu doux pendant 5 minutes.

Versez le poulet en sauce dans un plat creux, arrosez le dessus avec un peu de yaourt nature et poivrez au moulin avant de servir.

Curry de poulet au yaourt
et aux noix de cajou

La sauce onctueuse et colorée de ce curry à la saveur douce et fruitée fait intervenir le curry en poudre que l'on achète tout prêt : c'est une manière plus rapide que de préparer soi-même son mélange, avec des épices en graines ou en gousses, mais si l'on s'adresse à une bonne épicerie fine, le résultat sera tout à fait honorable. La même recette convient également pour du veau ; dans ce cas, rallongez la cuisson d'une petite demi-heure.

Préparation : **30 minutes** • Cuisson : **1 heure** • Pour **4 personnes**

Pelez et émincez très finement les oignons et les échalotes ; pelez les gousses d'ail et pressez-les. Ébouillantez les tomates, pelez-les et coupez-les en deux, retirez les graines et coupez la pulpe en petits dés. Râpez le zeste du citron pour en avoir 1 cuillerée à café. Pelez la banane, coupez-la en rondelles et citronnez-les. Pelez la pomme, évidez-la et coupez-la en petits dés, citronnez-les. Coupez le poulet en morceaux (ou demandez à votre boucher de le faire pour vous : il en faut huit.)

Faites chauffer l'huile dans une cocotte. Mettez les morceaux de poulet à dorer dans l'huile chaude en les retournant plusieurs fois jusqu'à ce qu'ils soient colorés sur toutes les faces. Retirez les morceaux de poulet de la cocotte et mettez-les en attente dans un plat.

Mettez dans la cocotte à leur place les oignons, les échalotes et la pulpe d'ail. Remuez pendant 7 à 8 minutes sans laisser roussir, puis ajoutez les dés de tomates et le zeste de citron râpé. Mélangez intimement, puis poudrez de curry. Mélangez à nouveau, salez et poivrez, puis remettez les morceaux de poulet et couvrez. Laissez cuire tout doucement pendant une vingtaine de minutes.

Ajoutez ensuite les rondelles de banane, les dés de pomme et les yaourts. Mélangez délicatement et couvrez à nouveau. Comptez encore 20 à 25 minutes de cuisson, toujours sur feu doux. En fin de cuisson, incorporez les noix de cajou grossièrement concassées. Pendant ce temps, faites cuire du riz basmati nature. Servez le curry dans un plat creux avec toute sa sauce et ses condiments. Proposez le riz à part avec éventuellement des amandes effilées légèrement grillées et de la poudre de noix de coco.

1 poulet fermier de 1,5 kg

3 oignons

2 échalotes

3 gousses d'ail

4 tomates mûres

2 cuillerées à café de zeste
et le jus d'1 citron

1 banane pas trop mûre

1 pomme à chair ferme et acide

2 ou 3 yaourts nature
à texture crémeuse

50 g de noix de cajou nature

2 cuillerées à soupe bien
pleines de curry en poudre

3 cuillerées à soupe d'huile

sel, poivre

Brochettes de poulet au curry

Marinées dans une pâte épicée à base d'oignon haché, d'ail et de yaourt, ces brochettes grillées peuvent se servir en entrée avec un chutney ou comme plat principal avec un curry de légumes et des salades fraîches au yaourt. Vous pouvez préparer ces brochettes la veille, les laisser macérer pendant toute la nuit et les griller au moment de les servir, ou bien vous contenter d'une marinade de seulement quelques heures.

Préparation : **15 minutes** • Marinade : **3 à 12 heures**
Cuisson : **15 minutes** • Pour **4 personnes**

800 g environ de blancs de poulet sans la peau

1 gros oignon doux

1 petite échalote grise

2 gousses d'ail

1 tronçon de gingembre de 2 cm

1 cuillerée à café de zeste et le jus d'1 citron

1 cuillerée à café de graines de coriandre

1 cuillerée à café de graines de cumin

2 cuillerées à café de *garam massala*

1 cuillerée à café de curcuma

2 yaourts onctueux

Pendant la préparation de la marinade, faites tremper 12 brochettes en bois dans de l'eau froide. Pelez l'oignon, l'échalote et les gousses d'ail, pilez-les ou passez-les au mixer pour les réduire en pâte. Incorporez le gingembre pelé et finement haché, ainsi que le jus du citron et 1 cuillerée à café de son zeste finement râpé.

Faites griller à sec la coriandre et le cumin pendant 2 minutes, laissez-les refroidir et pilez-les, puis mélangez-les avec le *garam massala* et le curcuma. Réunissez tous ces ingrédients dans une jatte et ajoutez les yaourts, mélangez intimement.

Coupez les blancs de poulet en bouchées régulières et enfilez-les sur les brochettes en les répartissant bien. Rangez-les dans un plat, puis nappez-les avec la moitié de la préparation aux épices (qui doit être assez épaisse) ; retournez-les et recouvrez-les avec le reste de la pâte. Couvrez et laissez mariner le temps nécessaire.

Juste avant de servir, faites griller les brochettes de poulet aux épices, soit sur une grille et un barbecue, soit sous le gril du four, soit directement dans une poêle avec un peu d'huile d'arachide.

Index

Carnet d'adresses

À PARIS

HÉDIARD
21 place de la Madeleine, 75008 Paris - Tél. 01 42 66 44 36
(Ainsi que toutes ses succursales dans les différents arrondissements de la capitale et ses dépôts dans les villes de Province, voire les grande surfaces.)

LA GRANDE EPICERIE DE PARIS (LE BON MARCHÉ)
38 rue de Sèvres, 75007 Paris - Tél. 01 44 39 81 00

GOUMANYAT ET SON ROYAUME
7 rue de la Michodière, 75002 Paris - Tél. 01 42 68 09 71

IZRAËL
30 rue François-Miron, 75004 Paris - Tél. 01 42 72 66 23

SPÉCIALITÉS ANTILLAISES
16 boulevard de Belleville, 75020 Paris
Tél. 01 43 58 31 30

SHAH & COMPAGNIE
33 rue Notre-Dame-de-Lorette, 75009 Paris
Tél. 41 42 85 55 16

TANG FRÈRES
48 avenue d'Ivry, 75013 Paris - Tél. 41 45 70 80 00

À LONDRES

FORTNUM & MASON
181 Piccadilly, Londres W 1A 1 ER
Tél. 44 0 171 734 8040

HARRODS
Knightsbridge, Londres SW 1 X 7 XL
Tél. 44 0 171 730-1234

THE SPICE SHOP
1 Blenheim Crescent, Londres W 11 2EE
Tél. 44 0 171 221-4448

PAR CORRESPONDANCE ET SUR INTERNET

THE SPICES STORE
MBO Services/Spices Store
BP 8338, 15 rue des Pardus, 95804 Cergy Saint-Christophe.
Fax : 41 34 25 44 45
www.spices-store.com

Dans toutes les grandes villes, dans les grandes surfaces, plusieurs marques de référence sont présentes, qui permettent de trouver des épices nature, en mélanges ou en condiments : Albert Ménès, Ducros, Silvo, Suzi-Wan.

Remerciements

LA COMPAGNIE FRANÇAISE DE L'ORIENT ET DE LA CHINE
170, bd Haussmann, 75008 Paris - Tél. 01 53 53 40 80

JAUNE DE CHROME POUR PALAIS ROYAL
13, rue des Quatre-Vents, 75006 Paris - Tél. 01 40 46 99 20

KIM ET GARO
7, rue des Quatre-Vents, 75006 Paris - Tél. 01 40 46 89 29

JARS CÉRAMISTES
Points de vente au 04 75 31 68 31

HÉDIARD (ÉPICERIE FINE)
2, place de la Madeleine, 75008 Paris - Tél. 01 43 12 88 92

ARMANATH VALMY (ÉPICERIE INDIENNE)
21, bd de la Chapelle, 75010 Paris - Tél. 01 42 09 72 12

Delphine Brunet pour les fonds peints

Achevé d'imprimer en avril 2003 sur les presses de JCG